바람에도 꺾이지 않는 자유

# 바람에도 꺾이지 않는 자유

**참새는 스스로 자유롭다고 착각하는 우리의 모습 같다**

자신의 삶을 비판적으로 성찰할 때 우리는 진정으로 자유로워질 수 있다. 나를 옥죄고 있는 조건을 넘어서는 게 진정한 자유이다. 바람에도 꺾이지 않는 자유.

임낙호 수필집

수필과비평사

■ 작가의 말

　수필집을 준비하는 동안 삼복더위가 세 번 지나갔다.
　코로나19 팬데믹으로 갇혀 지낸 시간은 의식마저 희미해지게 했다. 꾸물거리다 문을 연 바깥풍경은 생경했다. 8·15광복의 날처럼 환희의 함성을 지르게 될 줄 알았는데 그런 감흥은 일어나지 않았다. 동면에서 깨어난 곰처럼 어리둥절한 사이에 시간만 지나갔다. 돌아보니 만감이 교차하는 시련의 시간이었다. 가족 간에도 벽을 사이에 두고 갇혀있기도 했다. 어디 그뿐이던가. 지인들이 내 곁에서 멀리 떠나기도 했다.
　때로는 숲속을 거닐며 한참 지난 과거가 되살아나 멍때리는 날들이 나를 더 게으르게 만들기도 했다. 책 속을 거닐다 아침을 맞기도 했다. 생태계가 무너지고 있는 현실을 안타까워하며 심해져 가는 환경파괴를 막아야 한다는 고민으로 잠 못 이룬 날이 많았다.
　이러한 날들을 모아 묶는다. 선명했던 시간도 지나가면 희미해지는 게 우리네 삶이다. 그런 날들을 기억에서 놓치고 싶지 않다. 즐거운 일이나 안타까운 마음일지라도 내 인생이 아니던가. 글을 쓰며 삶의 의미도 알아간다.

그러는 동안 한 걸음 성장했을지 모르나, 아직은 어설프다. 독자에게 얼마나 다가갈 수 있을지, 오히려 심기를 불편하게 해드리지는 않을지 걱정이 앞선다. 글을 쓰면서도 자꾸만 설익어 떨떠름한 풋과일이 떠오른다. 가슴을 열어 나를 진솔하게 썼다지만, 이런 글이 수필집이라는 명제에 부합하는지 반문하며 조심스럽게 내놓는다.

그래도 이 길이 나를 찾아가는 길이라고 여겨진다. 조심스럽게 가는 길을 이어가련다. 공자께서 "조문도朝聞道면 석사夕死라도 가의可矣니라."라고 했다. 언젠가 독자가 공감할 수 있는 잘 익은 수필 한 편 내놓고 싶다. 그 아침을 향해 가련다.

은연중 내 글에 소환된 인물이나 배경에 새삼 감사한 마음이다. 더듬거리며 가는 길을 이끌어주신 선생님, 혼신을 기울여 출판해주신 수필과비평사, 응원해 주신 지인들에게 감사를 전한다. 박수 보내준 가족들도 고맙다.

2024년 8월 15일
요산 임낙호

차례

■작가의 말

## 제1부 팬데믹 시대

팬데믹 후 __ 14

지켜지지 않은 약속 __ 17

거울 __ 21

잔칫날 __ 26

배흘림기둥에 반하다 __ 31

어느 숲속의 군상 __ 36

언택트 시대 __ 42

경칩날 아침에 __ 47

코로나 백신 __ 52

외식 __ 57

## 제2부 삶의 여정

춘야희우 _ 64

절박했던 순간에 _ 68

천안문학상 시상식 날에 _ 74

안분지족의 삶 _ 79

아버지의 천자문 _ 83

봄 문학기행에 부쳐 _ 88

행복 프레임 _ 92

호수 가는 길 _ 96

민들레 _ 101

내 마음의 시간 _ 106

## 제3부 숲을 걸으며

쥐다래 __ 112

꽃멀미 __ 117

꽃 향연 __ 121

대왕참나무 __ 125

배꽃 추억 __ 130

튤립나무 __ 134

서투른 숙수가 피나무 안반만 나무란다 __ 139

여름 황금꽃 모감주나무 __ 143

팥배나무 __ 147

노간주나무 __ 151

## 제4부 읽는 즐거움

성자 알제아르 부피에 __ 156

흔적 뒤의 흔적 __ 161

시간 낭비에 대하여 __ 166

쓰레기 덕질 __ 170

앙불괴어천 부부작어인 __ 174

피어라 상상력 만나라 산해경 __ 179

질그릇 __ 184

바람에도 꺾이지 않는 자유 __ 189

완전한 용서 __ 194

나르시시즘 __ 199

## 제5부 그리운 추억

횡계리의 그 여름 __ 206

도서관 가는 길 __ 210

가마우지의 행태 __ 214

금식이 형 __ 219

꿈 __ 224

굿 샷 인생 __ 228

나 떠나는 날에는 · 2 __ 234

나의 운전 실수담 __ 239

향기 나는 삶 __ 244

코로나시대 주거 형태의 변화 __ 249

# 제1부
# 팬데믹 시대

팬데믹 후

지켜지지 않은 약속

거울

잔칫날

배흘림기둥에 반하다

어느 숲속의 군상

언택트 시대

경칩날 아침에

코로나 백신

외식

# 팬데믹 후

 "행복은 전속력으로 다가오고 있었다. 일들은 기대하던 것보다 더 빨리 진행되고 있었다. 마치 그날이 자기들의 생환기념일인 양 마음껏 즐기고 있었다. 이튿날이 되면 다시금 본래의 생활이 그 자체의 조심성과 더불어 다시 시작될 것이었다."

 카뮈의 소설《페스트》끝부분에 있는 문장이다. 이 시대에 소설이 재현되기라도 하는 건가. 코로나19 팬데믹으로 3년째 끝 모를 늪에서 허우적대고 있다. 《페스트》의 오랑 시민들처럼 행복을 맞이할 날은 언제일까.

 팬데믹으로 홍역을 치른 나라들은 저마다 자국민들에 대한 보호조치를 강화했다. 그러나 우리가 올려다보던 선진국조차도 속절

없이 무너져 내렸다. 더는 선진국이 아닌 듯했다. 시장질서가 무너지고 시민들의 삶은 오로지 생존에 매달리고 있다. 복지국가도 경제 선도 국가도 모두 방역에는 실패였다. 그들은 코로나19 퇴치정책을 쏟아내며 백신개발과 접종에 매진했지만 성과는 기대에 미치지 못했다.

우리나라는 철저한 마스크 쓰기와 사회적 거리 두기 정책으로 얼마간의 효과는 거두었다. 헌신하신 의료진과 구급대원들의 역할이 한몫했다. 더해서 진단키트를 신속히 양산, 공급한 제약·바이오 기업들의 공도 빼놓을 수 없다. 의료기관과 질병관리청 등에 새삼 감사하다.

팬데믹 사태를 거치며 아이러니하게도 서방세계에 대한 열등감에서 일면 벗어났다. 어려움 속에서도 자긍심을 가져보게 되었다. 지난 역사를 돌이켜 볼 때 우리 민족은 나라의 혼란이나 위기의 고비마다 빛을 발해 왔다. 격랑과 위난을 이겨온 바탕은 무엇일까. 유가 사상으로 단련해온 인간다움과 예禮 개념의 밑바탕이 아니었을까. 소유에 집착하는 개인적 욕망보다는 다른 사람도 나와 동일하다는 동류의식으로 보편적 존재가치를 우선하는 미덕이 돋보였다.

혼자 갇혀 지내는 시간이 길다보니 미덕이 바탕이 된 경주 최 부잣집 가훈이 떠올랐다. 가훈에 '육연六然'이란 몸가짐의 지침이 따로 있다.

> 자처초연自處超然   혼자 있을 때 초연하게 지내라
> 대인애연對人靄然   남을 대할 때 온화하게 대하라
> 무사징연無事澄然   일이 없을 때 마음을 맑게 하라
> 유사감연有事敢然   유사시 과감하게 대처하라
> 득의담연得意淡然   뜻을 이루었을 때 담담하게 행동하라
> 실의태연失意泰然   실의에 빠져도 태연하게 행동하라.

코로나19가 사라지면 페스트를 겪은 오랑 시민들처럼 완전한 일상생활과 경제회복이 가능할까. 고물가, 고금리, 고환율, 고실업 등의 암울한 단어들이 자주 매스컴에 오르내리고 있다. 세계적인 경제 팬데믹으로 이어질지도 모르겠다. 이를 헤쳐 나갈 마지막 보루는 내면의 힘이 아닐까. IMF 때 금모으기로 초인적인 힘을 발휘했던 것처럼.

흩어져 있는 각각의 힘을 한곳으로 모으고, 타인과의 관계를 존재의 근본으로 삼고, 각자의 역할과 규범 관습을 지켜 나갈 때 우리는 제2의 오랑 시민으로 다시 일어설 수 있을 것이다. 최 부잣집 육연, 한 자 한 자를 읽으며 다시 그 의미를 마음에 새긴다.

# 지켜지지 않은 약속

"안녕하세요, 아저씨!"
"어서 오세요! 뭐 좀 하시게요?"
"오늘은 저번에 굽을 해서 할 게 없네요. 구경이나 좀 할까요?"
 일찍부터 부지런하게 망치를 두드리고 구두 짝을 들었다 놓았다 한다. 연신 무언가를 주무르고 주위를 맴돌기도 한다. 예리한 칼질 솜씨가 예사롭지 않다. 이골이 났다. 손에는 까만 구두약으로 시커멓게 물들었고 손마디가 붉어지고 거칠거칠하다.
 그렇게 나를 반겨야 할 그분이 오늘도 보이질 않는다. 나 또한 코로나19로 그곳에서의 산행이 뜸해 오랫동안 만남도 격조했었다. 작년을 지나 이번 여름까지도 그랬다. 그 사이에 무슨 일이 있었을까.

늘 그 자리에서 터줏대감처럼 자리를 지키며 반기던 그분이 안 보인다. 요즘 회자되는 대장동 사건에도 아리송한 그분이라는 말이 등장한다. 비호감의 그분이 아닌가. 그러나 나의 '그분'은 썩은 냄새가 나는 그분과는 차원이 다른 '그분'이다.

그분이 보이질 않는다. 구두 점포가 있어야 할 자리를 땅콩 파는 트럭이 대신 차지하고 있다. 전에는 저쪽 구석에서 됫박으로 땅콩을 팔던 아저씨가 역 앞 광장으로 영전했다. 자리를 산 것인가, 영감의 터를 빌린 것인가. 자못 궁금할 뿐이다. 그 자리는 묵시적으로 임자가 정해진 곳이리라. 돈거래는 없었을 것이라는 짐작을 해본다. 전철역 앞 광장이기에 자리다툼은 없었으리라. 그분은 어떤 연유로 자리까지 내어주고 어디로 간 것일까.

언제부턴지는 모르지만 우리는 산행을 위해 늘 이곳 전철역 광장에 집결하여 버스를 타고 산 입구까지 이동했다. 광장에서 기다리는 동안 나는 좀 일찍 도착한 친구들과 주위를 배회하다가 그분을 만났다. 한 친구와는 미리 안면도 트고 구두 밑창도 붙이고 했단다. 나도 합세하여 등산화마다 차례로 뒷굽을 붙였다. 어느 날인가 동행하는 일행과 서로 통성명까지 했다. 나이를 대조하니 갑장이란다. 퇴직하고 소일거리로 이륜 손수레 점포를 차렸다고 했다. 중고 구두 거래도 쏠쏠하다고 했다. 아침 일찍 출근하고 상황에 따라 내

맘대로 퇴근한다고 했다. 얼마나 자유로운 사업인가! 건강하기도 하고 성실하기도 하여 대견해 보이기까지 했다.

그런데 어느 날부턴지 손수레 점포가 보이지 않았다. 처음엔 무심코 지났다. 전주도, 또 그 전주도 보이지 않더니 이제 몇 달째다. 손수레 흔적조차도 지워지는 듯했다. 우리는 구두나 등산화 굽이 닳아빠지면 밑창을 덧붙이려고 기다리던 것이, 이제는 그분이 염려되고 걱정되더니 혹시 잘못된 것은 아닌지 염려를 지나 불길한 생각으로 변해갔다. 갑장인 친구 분은, 참 건강해 보였다며 잘못되지는 않았을 것이라고 했다. 어디 몸이 불편한가. 우리는 그가 회복되면 나올 것이라는 막연한 희망의 끈을 놓지 않고 기다리고 있다. 또 다른 친구 분은 어디 안부를 물어볼 사람도 모르니 더 안타깝다고 했다. 이는 애초에 하지 않은 약속이었기에 '지킬 수 없는 약속'이 되고 마는 것인가. 그래도 그건 아니지 않는가. 늙었더라도 의리는 있어야 한다고 본다. 혼자서 푸념을 해본다.

손님들의 애타는 심정을 아는지 모르는지, 허망하게 의리를 저버리지는 안 할 것 같았는데 어떤 일이 생긴 걸까? 병이 났을까, 혹시 돌아가시지는 않았을까, 아니면, 할머니가 중병이 들어 간호라도 하느라 못 나오시는가. 일이 힘들어 늘그막에 여유로운 호기를 부리고 싶었던 것일까?

어떤 이의 글에 나오는 '3일의 약속'을 생각해 보았다. 황해도 개성에 살던 모자가 있었다. 어머니라면 자식을 애지중지하는 것은 인지상정이 아니던가. 그런데 아들이 서울로 3일간의 출장을 가게 되었다. 아들은 3일 후에 꼭 돌아오겠다고 약속하고 집을 나섰다. 어머니는 멀어져 가는 아들을 하염없이 동구 밖에서 손을 흔들며 바라보고 서 있었다. 3일 후에 돌아온다는 약속이 지켜지지 못할 거라는 예감을 하고 있었던 것일까. 일을 마친 아들은 집으로 돌아가려는데 갑자기 그어진 휴전선으로 왕래가 막혀버려 돌아갈 수 없게 되고 말았다. 지키지 못한 '3일의 약속'이 되고 말았다. 아들을 기다리던 어미의 심정을 우리가 어찌 상상이나 할 수 있으랴. 북으로 돌아가지 못한 아들의 심정은 또 어떠했을지!

우리가 간절히 기다리는 구두수선 아저씨와의 짝사랑 같은 '지켜지지 않는 약속'은 '3일의 약속'처럼 되지 않았으면 좋겠다. 키 작은 아저씨가 '짜잔' 하고 건강한 모습으로 속히 나타나기를 기대해 본다. 착한 그분과의 인연을 생각하며 친구들과 역전 광장을 나섰다.

## 거울

 창가에 환히 내리며 웃음 짓는 달빛을 보았는가. 보드라운 미소를 머금은 가을 달빛은 솜틀에서 나오는 하얀 솜처럼 부드럽다. 부드러운 달빛이 잠자고 있는 내 반쪽의 얼굴 위에 사뿐히 내려앉는다. 그의 입가에도 연한 미소가 달빛에 번진다. 지난날의 추억을 소환하여 누구와 담소를 나누는 것인가. 천진한 소녀의 모습인 양 평화롭다. 잠든 아내를 뒤로하고 달빛을 따라나선다.
 발길은 호수를 향한다. 경포호를 흐르는 달빛! 고요하다. 창연히 내려앉는다. 달빛 따라 달도 호수에 끌려 들어간다. 호수에 내리는 달빛에 얽힌 홍장과 강원감사 박신의 애틋한 사랑의 사연이 달빛을 더 황홀하게 한다. 푸른 달빛에 반해 한참 동안이나 넋을 잃고 서있다. 달은 호수 속을 맑게 비춘다. 이런 걸 명경지수라 하는 것이리라. 경포호를 따라 걷노라니 해운정 앞에 다다른다. 낮에 읽었던 해운정에 걸린 율곡 이이의 시가 떠오른다.

> 바닷가에서 갈매기와 벗삼아 외로이 사는데,
> 정자가 창명을 굽어보아 망천보다 낫다오.
> 영합하기 싫은 이 몸은 세상을 도망하여,
> 한가로운 우주 간 고깃배에 의탁했네.
> 밤이 고요하자 달빛 물결이 잔잔하고,
> 서리 맞은 단풍잎은 비단처럼 선명하구나.

명경지수明鏡止水란 밝고 맑은 거울과 같은 잔잔한 물이요, 마음이 고요해지고 안정된 상태를 이르는 것이다.

춘추시대 노나라에 왕태王駘라는 선비가 있었다. 어쩌다 죄를 짓고 한쪽 발이 잘리는 형벌을 받았는데, 그런 전력前歷과 불구不具에도 상관없이 그를 따르는 제자가 많아 공자의 제자 수와 맞먹을 정도였다고 했다. 그 점을 불만스럽게 여긴 공자의 제자 상계常季가 스승한테 물었다.

"스승님, 왕태라는 사람은 외발이 병신입니다. 풍채도 그렇고 학문도 스승님보다 못합니다. 그런데도 그를 따르는 제자가 놀라울 정도로 많습니다. 저는 그 까닭이 무엇일까, 하고 관심을 가지고 지켜보았지만, 그는 서 있어도 가르치지 않고, 앉아 있어도 대화하는 법이 없었습니다. 그런데도 사람들은 빈 마음으로 그를 찾아갔다가 뭔가 가득 얻어 돌아간다고 말하고 있습니다. 왜 그럴까요?"

공자가 답했다.

"말을 삼가라. 그분은 성인이시다. 나도 장차 그분을 스승으로 모시려고 한다. 본래 '말 없는 가르침'이란 게 있느니라. 겉으로 드러내지 않아도 속으로 완성된 마음의 소유자인 경우는 그것이 가능하다. 짐작건대 그분은 타고난 지혜로 자신을 수양하고 그것을 변함없는 본심으로 가꾸어 왔을 성싶다."

"스승님 말씀대로라면 그것은 자신을 위해 행한 수양이잖습니까? 그런데도 세상 사람들은 왜 그의 주변에 몰려들까요?"

"간단한 이치다. 흐르는 물을 들여다보면 자기 얼굴을 볼 수 있겠느냐? 잔잔한 물이라야 자기 얼굴을 비춰볼 수 있다. 그 분의 마음도 잔잔한 물처럼 조용해서 사람들이 제 얼굴을 비춰 보고자 모이는 것이니라."

맹자는 사람을 사랑해도 친해지지 않으면 인仁을 돌이켜 보고, 사람을 다스려도 다스려지지 않으면 지혜를 돌이켜 보고, 사람에게 예를 행하고도 보답 받지 못하면 경건함을 돌이켜 보라고 했다. 행하고도 얻지 못함이 있으면 모두 자신에게 돌이켜 구해야 하니, 자신이 바르면 천하가 돌아온다고 했다.

세상에서 가장 큰사람은 힘이 센 사람도, 부자도, 지위 높은 사람도 아니다. 큰사람이란 바로 도와주는 사람이 많은 사람이 아닌가. 맹자는 이런 사람이 되기 위해서는 인심을 얻어야 한다고 했다. 일상에서 사람들의 마음을 얻어야 돕는 사람이 많아질 것이다. 즉 도를 얻은 사람은 도와주는 사람이 많다는 '득도다조得道多助'의 뜻이리라. 왕태라는 선비가 바로 득도다조의 표본이 아닐까.

거울 앞에 서서 나를 들여다본 적이 언제였던가. 삶의 바퀴를 끌고 바쁘게 달려서 오늘에 이르렀다. 그러다보니 거울 속의 나를 제대로 들여다본 적이 별로 없지 싶다. 이제 보니 나는 어디 가고 백발만 성성한 영감이 앞니를 삐쭉 드러내고 멋쩍게 웃고 있다. 그런데 한참을 보고 있노라니 거울 속에서 나는 어디로 가고 아버지께서 서 계신 것이 아닌가. "아버지!" 하고 불러보았다. 그런데 대답 대신 말없이 웃으신다.

아버지는 자식들을 모아 놓고 자주 훈계의 말씀을 해주셨다. 겉으로 보이는 것만으로는 실상을 보기 어렵다며 마음속의 거울을 지니고 다녀야 한다고 하셨다. 마음이 어지러울 때는 마음속의 거울을 꺼내보라고 하셨다. 행하고도 얻지 못함은 마음의 거울 속에서 찾으라고 하셨다. 도를 얻으면 즉, 사람의 마음을 얻으면 도와주는 사람이 저절로 나타난다고 득도다조를 당부하신 말씀은 늘 유훈으로 가슴에 생생하다. 간직하며 살아보려고 애를 썼다지만, 돌이켜보면 얼마나 그렇게 살아왔는지!

# 잔칫날

　찬바람이 목덜미를 파고든다. 소한과 대한 사이는 예로부터 겨울의 절정이기에 강추위는 당연지사다. 그런데 이런 날씨에 순응을 못하는 나로서는 남극의 펭귄처럼 시련의 시간이 되고 만다. 매년 반복되는 겨울이건만 이 겨울이 유별나게 추운 건 어인 일인가. 코로나19로 움츠림이 길어서인지 아니면, 면역력이 쇠하여진 까닭인지 모르겠다. 더구나 칼바람 속에서 광주 화정동 초고층아파트 콘크리트 붕괴사고는 우리의 마음까지도 얼어붙게 만들고 말았다. 평생 건축 일을 감당해온 나로서는 사고 소식을 접하고 보니 남의 일 같지 않다. 과거지사가 주마등처럼 떠올랐다.

　겨울 공사현장의 아침은 동트기 전부터 분주하다. 현장 문도 활짝 열어 놓았다. 콘크리트 타설 전에 철근배근, 전기배관 그리고, 설비작업에 이어 거푸집의 수직·수평상태를 점검한다. 동바리도 꼼꼼히 점검한다. 뒤이어 자재과에 콘크리트 오더를 내린다. 자재 담당이 레미콘 공장에 출하를 요청한다. 실험장비는 펌프카 옆에 일찍부터 대기 중이다. 레미콘 트럭을 안내할 신호수는 무전기를 들고 큰길로 뛰어나간다. 마치 결혼 잔칫날 아침의 설레는 긴장감이다.

  내가 어렸을 때 우리 집 잔치마당에 넓은 차일이 높게 쳐졌다. 대문은 활짝 열려있었다. 양쪽 기둥에는 청사초롱이 함초롬히 걸려 있고 간간이 미풍에 흔들거렸다. 마당 한구석에는 마을 아낙네들이 옹기종기 둘러앉아 이야기꽃을 피우며 부침개를 부쳤다. 새로 들어올 신부에 대한 얘기들이었을 것이다. 연지곤지 찍고 오는 신부에 대한 기대감으로 마음은 한껏 부풀었다. 조무래기들은 우르르 몰려다니며 덩달아 분주했다. 먹거리가 궁했던 시절이었던지라 애들이 엄마 뒤로 슬금슬금 다가가면 "저리 가서 놀아!" 하면서도 부쳐놓은 전을 쭉 찢어 손에 얹어주었다.

  추운 겨울에 맞이하는 하얀 신부는 나의 큰형수님이었다. 날씨는 봄날같이 유난히도 포근했다. 바람마저 잔잔하여 금상첨화였다. 하늘도 새신부가 예뻐 보였나 보다.

고운 꽃가마 행렬이 멀리 언덕을 넘어왔다. 어머니와 식구들은 더욱 분주해졌다. 축하객들과 음식을 차리는 아낙네들도 덩달아 서둘렀다. 어린애들도 새 신부에 대한 궁금증을 감추지 못했다. 동네 어른들도 약주 잔을 들다 말고 허리를 쭉 빼고 대문 쪽을 바라봤다. 우왕좌왕하는 사이에 가마 행렬은 마을 입구 다리를 건너 대문 가까이 다가왔다. 대문 앞에서 잠시 의식이 진행되었다. 바가지가 깨지고 팥과 메밀이 뿌려졌다. 가마는 짚불을 밟고 성큼 넘어왔다.

신부가 각시걸음으로 안방에 들자 신부상新婦床이 들어가고, 동네 아낙들이 잔칫상에 음식을 날랐다. 흥성이는 잔치 분위기에 들뜬 어린 나는 그들의 뒤를 종종거리며 따라다녔다. 북적이던 잔치는 해질녘 손님들이 하나둘 저녁준비와 소여물을 줘야 한다며 일어섰다. 그러나 신부는 아랫목에 다소곳이 앉은 채 족두리는 까딱도 안했다

70여 년이 지난 지금 생각해 봐도 그날 맛보았던 노란 계란과 빨간 실고추 고명을 올린 잔치국수와 노란 송화다식 맛은 입속에서 맴돌고 있다. 그날의 신랑은 지금 하늘나라에서 신부를 맞이할 준비를 하고 있으니 가는 세월이 참 무상하기도 하다.

나는 공사현장에서 콘크리트를 타설할 때마다 '잔치마당'을 연

상하곤 했다. 저 멀리 언덕을 넘어서 레미콘트럭이 붕붕거리며 먼지와 함께 들어오면 콘크리트 잔치가 펼쳐진다. 레미콘트럭은 엉덩이를 펌프카에 밀착시켜 시료 채취, 온도 체크, 그리고 슬럼프 테스트를 끝낸다. 강도 테스트용 몰드도 제작해 놓는다. 펌프카는 고층 바닥에 진회색 콘크리트를 철썩철썩하며 쭉쭉 뿜어 올린다. 붕붕대는 콘크리트 진동기 소리가 흥을 부추긴다. 일꾼들은 맡은 일을 일사불란하게 한 치 오차도 없이 수행한다.

 겨울 날씨는 포근하지만 기온은 빙점氷點을 오르내린다. 한참 철썩철썩 돌아가던 펌프카가 갑자기 멈춘다. 레미콘트럭이 왠지 끊겼기 때문이다. 담당기사는 애가 타들어가고 전화통이 부서져라 독촉하며 소리를 질러댄다. 긴 기다림 끝에 레미콘이 도착하면 송장送狀의 출하시간을 확인한다. 겨울에는 늦어도 100분 이내에 콘크리트가 타설되어야 하는데 아뿔싸, 20분이나 지연됐다. 레미콘 기사도 현장기사도 감리자도 한동안 멍하니 서있다. 돌려보내라는 감리자의 지시에 레미콘 기사는 교통사고로 길이 막혔다고 통사정을 한다. 그러나 콘크리트 강도가 안 나오니 어쩔 수 없는 사안이 아닌가. 한바탕 소동이 지나고 콘크리트 잔치는 해가 기울면서 마무리된다.

 건축 용어 중에 '양생養生'이란 단어가 있다. 거푸집에 부어넣은 콘크리트가 잘 경화硬化되도록 알맞은 온도와 습윤濕潤을 유지시켜주는 것을 의미하는데, 이때 간과할 수 없는 게 충분한 양생시간이다. 그래서 겨울의 콘크리트 보양이 더욱 중요한 이유이다.

그러고 보면 푸짐한 잔치를 위해선 철두철미한 준비와 기다림의 정서가 무르익는 시간 양생이 필요하지 않은가.

## 배흘림기둥에 반하다

　팬데믹으로 닫혔던 문들이 열렸다. 문학기행의 문도 열렸다. 문학회를 따라 봄 기행을 나섰다. 당일 코스로 예산의 유적지를 찾아가는 일정이었다. 먼저 덕숭산 수덕사를 찾았다. 시원한 바람을 맞으며 일주문을 지나 걸어가는 길가에 수국이 푸른빛을 발하며 싱그럽게 피어 있었다.

　여러 번 찾아가도 설레는 마음이 진정되지 않는 사찰이다. 우리나라의 현존하는 사찰 중에 오래된 국보급 목조건축물로 유명하다. 신라 후기와 고려 초기의 목조 건축물의 온전한 형태를 보존하고 있다. 안동의 봉정사 극락전, 영주 부석사 무량수전, 영천 은해사 거조암의 영산전 등과 함께 문화재적 가치가 높은 곳이다.

대웅전 안에서는 법회가 열리고 있었다. 한옆에서 내부를 들여다보려고 계단을 오르는데 동행하신 선생님께서 모서리 기둥을 만지며 "배흘림기둥이다" 하셨다. 오랜 세월 세파에 시달린 노파의 손등처럼 거칠하다. '배흘림기둥' 하면 생각나는 게 있다. 국립중앙박물관장을 지낸 고 최순우 선생의 〈무량수전 배흘림기둥에 기대서서〉라는 명수필이다. 영주 부석사 무량수전에 남아있는 목조건축의 진수를 압축해 놓은 짧은 글이다. 건축 전문가이거나 혹은 아니라도 읽어 보면 다 매혹되고 말 것이다.

부석사 무량수전만큼이나 애착이 가는 곳을 더 꼽으라면 나는 수덕사 대웅전을 주저 없이 말한다. 현존하는 가장 오래된 목조 건축물은 안동 봉정사 극락전이라고 하지만 기록상 가장 오래된 건축물로는 국보 제49호로 지정된 수덕사 대웅전이라고 한다. 부석사 무량수전과 건물구조는 다르지만 천년 고찰의 아름다움을 꼽는다면 수덕사 대웅전을 빼놓을 수가 없다.

"아, 아름다운 배흘림기둥!" 살포시 감싸 안아본다. 울퉁불퉁하고 노인의 살가죽처럼 파이고 갈라져 있다. 긴 세월의 풍상을 묵묵히 견디며 꿋꿋이 서있는 모습은 대웅전 안에 모셔진 부처님의 미소를 닮았다. 갑자기 궁금해졌다. 기둥은 무슨 나무인지, 나무에 조예가 깊지 않은 나로서는 가늠이 되지 않았다. 알아보았더니 당시에는 싸리나무가 사찰 기둥으로 많이 쓰였다고 한다. 그런데 기둥 목으로 쓸 만한 큰 싸리나무가 과연 얼마나 있었을까 싶다. 수덕사 대웅전, 부석사 무량수전 기둥은 싸리나무가 아닌 느티나무가 쓰였다고 한다.

 대웅전 앞마당에는 300년 된 느티나무 두 그루가 서 있다. 느티나무도, 주목이 그렇듯 살아서 천 년, 죽어서 천 년을 산다. 대웅전 배흘림기둥이 느티나무인 게 입증하고 있지 않은가.

 배흘림기둥은 기둥의 아래위 부분을 가운데 부분보다 가늘게 하여 곡선 체감으로 시각적인 안정을 준다. 간장, 된장 항아리(도아지)처럼 배가 나온 형태이다. 고대 로마의 신전에서도 사용된 건축기법이기도 하다. 그들은 이를 '엔타시스'라고 불렀다.

 배흘림기둥은 주심포기둥이나 다포기둥으로 세운다. 주심포는 공포가 기둥에만 있고 다포는 공포가 여러 개로 늘어서 있다. 어느 식이든 지붕의 하중을 기둥에 골고루 전달하기 위함이다. 주심포는 주로 고려 전기의 양식이고 다포는 고려 후기에 원나라의 영향을 받아 등장한 공법이다. 배흘림기둥은 맞배지붕에 균형을 유지하기 위한 것이다. 정면 3칸 측면 5칸짜리 수덕사 대웅전을 비롯해 다른 목조 사찰은 거의 맞배지붕으로 구성되어 멋을 더해주고 있다.

 고려시대의 법식을 잘 보여주는 부석사 무량수전은 정면 5칸 측면 3칸 규모로 대담하게 기둥 사이가 넓다. 높이도 당당하여 안정감이 있다. 무량수전만은 배흘림기둥이 받쳐주는 팔작지붕의 아름다운 곡선이다. 물매는 완만하다. 처마의 아름다운 곡선은 결코 느릿하지도 않다. 그렇다고 재빨리 경망스럽게 비호처럼 하늘로 치닫지도 않는다. 부드럽기가 한량없는 처마선이다. 팔작지붕 곡선이 우위에 서게 된 것은 정신적인 것의 드높임을 뜻한다고 했다. 나아가 우리 민족이 전통적으로 천天을 숭상해 왔다는 사실을 암시해 준다고 했다. 더욱이 무량수전 기둥이 배흘림이어서 직선다운 곡선, 곡선다운 직선이고, 배흘림기둥 위에 처마 곡선이 내려앉으니 이 얼마나 아름다운 조합인가.

부석사는 우리나라 화엄사상의 발원지이다. 신라 문무왕 때 의상대사가 창건했다. 의상대사와 선묘 아가씨의 애틋한 사랑 이야기도 화엄세계의 한 장면일까. 그 사랑이 도달한 그 자리이다. 참된 근원을 밝히는 한 폭의 그림. 번뇌의 바람이 잠든 마음의 바다. 법성의 바다, 거기에 이르게 하는 210자의 '화엄일승법계도華嚴一乘法界圖'가 만상을 비추고 있다. 그중에서 "무량한 먼 시간이 곧 한 생각이오(無量遠劫卽一念), 한 생각이 곧 무량한 그 시간이니(一念卽無量劫)"를 읊어보니 무량한 시간도 한곳에 머무르는가. 그래서 의상대사는 "가고가도 본 자리에 있고, 오고와도 떠난 그 자리에 있다(行

行本處 至至發處)."라고 했나 보다. 우왕좌왕하지 말고 오늘에 충실하며 살라는 말로 들린다.

건물에 안정을 주고 부처님의 사상을 담고 있는 수덕사 대웅전이나 부석사 무량수전의 배흘림기둥은 언제 보아도 나를 반하게 한다. 배흘림기둥이 돌아서는 발길을 자꾸만 잡아 세운다.

## 어느 숲속의 군상

햇볕이 따뜻한 오후! 산야는 포근하고 아늑해 보였다. 들판 너머 산들은 너저분한 잎들을 떨어내고 정갈하게 겨울채비를 마쳤다. 갈걷이가 끝난 들녘은 허허롭다. 산자락과 잘 어울리는 풍경이었다. 병원을 향하는 길옆으로 호수가 보이고 윤슬을 가르며 들오리 가족이 행차를 나왔다. 저들은 병원 가는 길은 아니겠지.

병원을 향하는 발길에 심란한 마음이 무겁게 매달렸다. 오늘은 유난히 더 그랬다. 몇 달 만에 가는 심장 정기검진날이었다. 여름부터 내내 부실한 이 몸뚱어리는 병원을 수도 없이 들락거렸다. 혈압이 오르락내리락하고 목이 뻣뻣하게 굳는 듯도 했다. 백신 탓이었을까. 머리도 아팠다. 혈당수치도 널뛰기를 반복했다. 그동안의 일들을 감당하려고 주치의를 만나러 가는 길이었다. 깊은 산속으로 홀로 들어가는 기분이랄까.

　병원 입구에서부터 화살표가 막아섰다. 코로나19 검사를 받고 입원하라고 했다. 어제 보건소에서 긴 줄에 서서 받아온 음성 결과지를 보여줘도 소용없다. 현장검사 후에야 입원 수속을 마치고 정해준 입원실을 찾아갔다. 담당 간호사의 점검이 또 있었다. "임낙호 선생님이세요?" 코로나19 검사결과와 신원조회 절차를 거친 후에야 비로소 침대 배정을 받았다. 신병훈련소 입소절차 같았다. 6인실 입구 좌측 병상이 주어졌다. 환자복으로 갈아입고 각종 검사를 받았다. 저녁 식사 후부터 금식이라고 했다. 침상 위에서 아내와 마주앉아 병원 식으로 저녁을 때우고 나니 이런저런 잡념에 빠져들었다.

　밤 동안 별일이 없을 듯해 아내에게 집에 다녀오라고 했다. 혼자 할 일 없이 앉아 있자니 TV 소음만 귀에 거슬렸다. 멍하니 앉아 있어도 뉴스 소리가 들리며 나라의 현세가 걱정을 더했다. 어느 것 하나 국민의 삶을 위한 정치라고는 찾아볼 수가 없으니…. 부동산 정책이 그렇고, 근로정책의 오류로 젊은이들의 일자리가 줄어들고, 원전을 폐기하는 에너지 정책으로 전력 차질이 그랬다. 코로나19 방역은 또 어떤가. 외교는 이 나라에 차이고 저 나라에 문전박대 당하고 있으니 나라의 체면이 땅에 떨어지는 데 2년이 채 걸리지 않앉다. 국민이 원하는 것에 역행하고 있지 않은가. 나라의 운명이 하루빨리 바로 세워지는 계기가 되기를 바랄 뿐이었다.

잡념을 떨치려고 준비해간 김○○ 선생님의 수필집을 펼쳤다. 두 주제를 읽었을 즈음 앞 침대에서 커튼 너머로 노인의 절규가 터져 나왔다. "아이구 배야, 아이구 배야." 요양보호사가 왜 그러느냐고 몇 번을 물어도 대답이 없자 간호사를 황급히 호출했다. "영감님이 복통을 호소해요. 어서어서…." 간호사는 요리조리 살피더니 옆 동 간호사들까지 불러들여 내 침대를 툭툭 치며 급하게 침대에 눕힌 채로 끌고 나갔다. 커튼을 열고 내다보니 그들은 복도 저편으로 총총히 사라지고 있었다. 다음날도 그 노인은 병실로 돌아오지 않았다.

눈이 아파져 왔다. 이제는 책조차도 피곤을 안기는 존재가 되었다. 일찍 잠자리에 누워 눈을 감았다. 내일 검사받는 동안 '무슨 일은 생기지 않을까?' 염려증이 머리를 삐쭉이 들었다. 별일 없기를 기도하고 잠을 청해보려는데 이번에는 옆 침대 영감이 둔탁한 기침을 연속으로 해댔다. 낭랑한 목소리의 보호자가 이불을 덮어주며 다독거리는 듯했다.

"이쪽 다리 좀 들어봐요. 이불을 덮게요. 어허! 여기 이불이 젖었네. 아니 바닥도 다 젖었네. 다 갈아야겠네." 그런데 남자는 연신 칙칙한 기침만 해댔다.

"아, 놔둬. 힘들어." 기침 소리가 병실을 더 질척거리게 했다. "안 돼요. 냄새나서. 어서 들어봐요. 옆으로 '궁글어' 봐요."

"아이구, 힘들어. 놔두라고."

"잘했어요. 이제 이쪽으로 돌아봐요. 잘했어요. 아이, 잘했어요. 이게 도와주는 거예요." 티격태격하며 침대보를 거두어가는 모양이었다. 잠잘 시간인데도 그녀의 중얼거리는 소리가 계속 방안을 휘저었다. 남자는 씩씩거리며 거친 숨소리만 뿜어댔다.

그들의 실랑이는 묘한 궁금증을 일으켰다. 그러고 보니 부부관계 같으면서도 아닌 듯 아리송했다. 낮에는 의당 부부려니 생각했었는데. 그들의 대화 워드는 달랐다. 요양보호사인 듯도 했다. 그녀의 말속에는 불만이 가득 섞여 있었다. 환자의 나이는 가늠이 잘 되지 않았다. 실은 얼굴도 보지 못했다. 나는 관심을 거두기로 하고 침대에 몸을 다시 뉘였다.

잔다고 잤는데 깨어보니 새벽 2시도 채 안 되었다. 다시 잠을 청해보려 해도 오지 않았다. 어찌하여 잠깐 잠이 들었다가 깨었다. 그래도 아침은 멀기만 했다. 스마트폰의 이것저것을 뒤져보며 밀린 문자에 답을 보냈다. 다른 환자들이 기상하기 전에 살금살금 세수하고 검진 준비를 마쳤다. 그 사이 아내가 걱정이 되었다며 일찍 돌아왔다. 목에서는 심한 갈증이 일더니, 더 지나니 갈증조차도 제풀에 사라졌다. 드디어 왼팔에는 커다란 수액주사가 꽂혔다. 혈액검사를 해야 한다며 또 피를 여러 대롱 채취해 갔다.

아침시간 다시 몇 가지 검사를 또 받았다. 그런데 어디서 오는지 담배 냄새가 코끝을 슬슬 자극한다. 처음에는 설마하며 의심했다. 병실에서 누가 담배를 피우랴. 아내는 "무슨 약품 냄새겠지." 했다. 그런데 점점 냄새는 진하게 퍼졌다. 다른 침대에서도 웅성거렸다. 범인(?)은 곧바로 색출되었다. 앞줄 창가 침대의 80대 노인이었다. 간호사는 엄중히 경고했다. 퇴실 당할 수도 있다고. 담배와 라이터를 내놓으라고 해도 안 된다며 떼를 써댔다. 간호사는 보호자 할머니를 복도로 불러내 담배를 소지하면 안 된다고 했다. 할머니 왈, 담배를 뺏을 수가 없단다. 간호사는 "환자가 잠들면 담배와 라이터를 꺼내오세요. 아니면 이곳에서 나가야 해요."라고 최후통첩을 했다. 담배 냄새에 환자와 보호자들이 복도에 모여서 웅성거리며 한마디씩 던졌다. "아니, 말이 돼? 병실에서 담배 피우는 사람은 처음 봤네!" "지금이 어느 땐데…."

하룻밤 사이에 병실에서는 여러 일들이 벌어지고 있었다. 사각의 말끔한 대학병원 건물은 밖에서 보면 웅장하고 고요하기만 하다. 그 속에서는 이렇게 인간 군상들의 크고 작은 일들이 소용돌이치고 있다. 일이라면 일이고, 사건이라면 사건인 현상들이었다. 웅장한 산세山勢도 속을 들여다보면 수많은 동식물, 눈에도 잘 보이지 않는 미물들까지 병원 속같이 우글거리며 살아가고 있지 않는가. 지난밤 내 병실이 숲속이었다.

# 언택트 시대

　언제부터인가 발길이 막혔다. 나의 기분을 업시켜 주는 건 길을 떠나는 여행이었다. 그런데 발길이 멈추니 발이 먼저 아파왔다. 마음이 더 아픈 탓이었다.
　마음이 답답할 때나 일이 생각과 다르게 풀릴 때는 일상을 벗어나고 싶은 게 솔직한 마음이다. 코로나19로 갇혀 지내는 상황에서 공항으로 향하는 생각만으로도 마음은 날아갈 듯 가벼워진다. 일상은 어느새 사라지고 공항 출국장이 개선문처럼 다가온다. 현관을 나서는 건 무릉도원을 찾아가는 길처럼 설레고 마음은 애드벌룬처럼 하늘로 날아오른다. 나름대로 한껏 이국풍으로 멋을 내고 커다란 가방을 끌고 나서면 마음이 저만치 앞서 달려간다. 시각장애인 유도블록을 넘는 덜덜거림도 마음을 상쾌하게 한다. 날아가는 새들도 응원의 노래를 보낸다. 내 마음은 그들보다 앞서 날아간다.

그런데 발길을 나서지 못하는 언택트 생활이 일상이 되어버렸다. 2년 반이 더 지났다. 얼마 전부터 규제가 조금은 풀렸다지만 가는 곳마다 의심의 눈초리다. 눈치 없이 종횡무진 경계를 넘나드는 이는 반갑지 않은 불청객 코로나19란 놈뿐이다. 삼복더위에 쇼윈도의 마네킹처럼 꼼짝없이 갇혀 있으니 정신마저 혼미해진다.

옛사람들은 어떻게 여름을 보냈을까? 옛 그림에, 나무그늘에서 흐르는 물에 발을 담그거나 등목을 한다. 바위나 정자에 앉아 있거나 비스듬히 누워 폭포를 감상하기도 한다. 어디는 바둑을 두거나 시를 읊는 장면도 있다. 산에 들어가 선천세계先天世界의 기운을 받아들여 몸에 축적하기도 한다. 산과 물이 피서의 수단이었을 것이다.

옛 선인들은 여행을 떠나기보다는 와유문화臥遊文化를 즐겼다고 한다. 와유란 누워서 즐긴다는 말이다. 이동수단이 변변찮기도 했겠지만 시간과 비용도 여의치 않았으리라. TV나 인터넷은 물론 라디오도 없던 시절이라 집에서 그림을 감상하고 시를 읊으며 피서를 했을 것이다. 당대 최고 화가 겸재 정선이 수성동계곡을 그린 〈장동팔경첩〉이나 안견의 〈몽유도원도〉 같은 그림을 감상하였으리라.

우리는 삶이 풍성해지며 여행이 일상인 시대가 되었다. 그러나 지금은 코로나 팬데믹으로 문밖출입이 여전히 어렵다. TV나 넷플릭스에 의지하여 견디기는 하지만, 규제가 언제 풀릴지? '집콕'으로 싫증만 커져간다.

여행을 떠날 수 없으니 궁여지책으로 지난 추억 속으로 떠나보는 수밖에…. 컴퓨터를 열고 추억이 가득한 창고에 들어가 본다. 갤러리 속의 여행지들을 하나씩 꺼내본다. 추억의 사진과 영상을 펼친다. 연계하여 핸드폰도 펼쳐든다. 스테레오 울림처럼 추억의 올림과 내림이 전개된다. 숱한 필름 속 추억여행에 빠져든다.

당시에는 여행을 즐기기보다는 사진을 찍어 대느라 정신을 빼앗기곤 했다. 보이는 대로 카메라에 담는다고 뒤처지기 일쑤였고 일행을 따라가느라 볼거리는 지나쳐버린 곳들이었다. 이제 보니 사진 속의 추억들이 참 친근하다.

사진 속의 풍경들을 하나하나 보고 즐긴다. 기둥만 남은 신전, 언덕 위에서 바라본 지평선같이 넓은 초원, 화려한 옷차림으로 각국의 특징을 드러내던 여행객들의 환한 미소가 재생된다. 그때의 내가 사진에서 걸어 나온다. 사진에 불과하던 배경들이 청운당(나만의 서재)에 갇힌 나를 끌어낸다.

여기가 어디인가. 아드리아해변인가. 바이칼호수인가. 사진을 보며 기억의 퍼즐을 맞춰본다. 새벽 호수의 자욱한 안개가 실루엣으로 다가온다. 푸른 하늘과 윤슬이 반짝이는 호수의 틈새로 안개가 흐르고 있다. 여린 한줄기 빛이 긋고 지나간 상처를 감싸기라도 하듯 호수는 고요하다. 오래된 잔영殘影이 바다 같은 호수에서 물안개 되어 피어난다.

내 영혼도 호수같이 잔잔해졌을까. 산길을 넘고 넘어 수변을 걸어가는 언덕에 환히 웃고 있는 참꽃을 보니 가슴이 울컥한다. 알 수 없는 울림이 내 안에서 솟아오른다. 바이칼호숫가에 홀로 서있는 기분이라니…. 기쁜 것도, 슬픈 것도 아닌 묘한 기분이다. 홀림에 빠져들어 옴짝할 수가 없다. 오래전부터 걷던 언덕길 같다. 한참을 멍하니 앉아 있자니 의식의 흐름은 고향의 강가를 향한다.

모든 기억은 과거를 편집한다. 하지만 그 아침의 바이칼은 특별한 기념사진으로 남아있다. 황홀한 무릉도원에 이른 듯 모든 걸 초월한 시간이었다. 여행을 떠날 때는 그런 순간을 기대하지만, 매번 그런 행운을 얻지는 못한다. 풍광들은 속살을 잘 드러내려 하지 않기 때문이다.

집안에 박혀 지나온 시간이 얼마인가. 이렇게 발이 묶일 줄은 생각도 못 했다. 사라지는 듯하더니 새로운 변이바이러스로 팬데믹은 길어지고 있다. 언택트 시대, 집에서 뒹굴며 와유臥遊를 하다 보니 자유롭게 여행하던 때가 그립고 감사하다. 당연시 여겼던 자유로운 일상이 축복이었음을 새삼 깨닫는다.

## 경칩날 아침에


 2월이 입춘이라면, 3월은 경칩이다. 경칩으로부터 진정한 새봄이 온다. 겨울의 끝자락을 놓지 않으려고 입춘에 앙탈을 부리던 추위는 경칩 앞에 속절없이 녹아내린다.

 경칩날 아침, 산책을 나섰다. 출발의 설렘이 앞서서 달려 나갔다. 아파트 단지에서 제일 먼저 봄이 오는 곳에 눈길을 준 지 한 달여. 오늘은, 오늘은 하며 기다리는 마음은 애면글면 조바심만 앞섰다. 양지바른 곳, 입춘이 지나고 가장 먼저 꽃망울이 터지는 곳이 아니었던가. 그런데 게으른 날씨 탓인지 올해는 유난히 더 애만 태우고 있다. 경칩이 가까워도 겨우 몇 송이 병근 채 올망졸망 꽃망울을 달고 있다. 겨울의 몽니는 순순히 물러나지 않았다. 겨울 기나긴 밤 서리

서리 이불 속에 넣어두었던 사랑을 보내기 아쉬웠던 탓이었을까. 겨울과 봄의 반복에 꽃잎은 동凍아리로 몇 닢 피다가 움츠리기를 반복한 2월이 아니었던가.

'에라, 늦으면 어떠랴!' 봄을 넘는 겨울은 없다고 위안 삼으며 경칩을 기다렸나 보다. 우리 범인의 성급함을 가르치려는 것일까. 자연의 이치를 거스르지 않는 매화야말로 과연 사군자 중에도 으뜸이 아니던가.

오래전부터 매화를 선비의 품성에 비견하기도 하였다. 조선의 선비들은 자주 시와 그림의 주제로 삼아왔다. 그런 연유로 병풍 등에 많이 그려 넣기도 했다. 군자君子는 성품이 고결하여 우리에게 본보기가 되는 사람이다. 초봄의 추위를 견뎌내며 꽃을 피우는 매화가 고난 속에서도 강한 의지를 굽히지 않는 군자 중의 군자임에는 누가 토를 달까.

나는 마음이 급해졌다. 개구리가 놀라 깨어나는 날이니 매화도 깨어나 봉오리를 열어젖히고 있을까? 어제까지는 움츠리고 있었는데…. 매화를 향해 경사로를 단숨에 뛰어올라갔다. 아, 쨍한 아침 햇살에 발그레한 연분홍이며 연한 아이보리 꽃들이 환하게 웃고 있지 않은가. 은은한 향을 풍기며 반갑게 인사를 해왔다. 윙윙윙, 벌들은 꽃과 아침인사를 하려는 듯 이 꽃 저 꽃 분주히 날아다녔다. 옥

합이 열리기를 기다리며 벌들도 매화 봉오리 앞에서 얼마나 서성였을지 가히 짐작이 되었다. 반가운 마음에 꽃과 벌들을 폰에 영상으로 담아보았다. 확실하진 않지만 천안 지역에서는 우리 아파트 단지의 매화가 제일 먼저 눈을 비비고 피어나지 싶다. 일찍부터 포근했던 몇 년 전에는 입춘이 지나며 개화를 했는데, 그때보다 올해는 많이 늦은 편이긴 하다.

그제야 안심할 수 있었다, 웃으며 눈인사까지 나누었으니, 천변으로 돌리는 발걸음이 한결 가벼워졌다. 출발할 때의 한기는 이내 사라지고 어느새 등줄기가 땀으로 축축해졌다. 간혹 꽃샘바람이 불기는 하지만 3월의 바람은 얼굴을 부드럽게 간질이며 지나갔다. 춘풍 덕분에 언 땅이 녹고, 메말랐던 가지에는 꽃봉오리가 벙긋하고 새순은 움틀 준비를 하고 있다. 졸졸졸 흐르는 개천에는 물안개가 아른거리며 피어올랐다. 햇빛을 받으며 반짝이는 은색 물체들이 수면 위를 넘나들었다. 피라미들도 경칩날 아침에 덩달아 신이 났나보다. 들오리들은 쌍쌍이 모여 부지런히 노를 저으며 입맞춤도 하였다. 개천의 터줏대감인 황새 한 쌍도 나섰다. 이들은 분주히 자맥질 삼매경에 빠져있다. 개구리 사냥을 나왔을까. 날뛰는 피라미 사냥을 하려는 것인가. 늠름한 자태의 수컷과 카리스마 넘치는 암놈의 자태는 대조적이었다. 요즘 변해가는 인간세상의 여성 우위를 보는 듯했다.

잠시 넋을 놓고 걷다보니 어릴 적 뜰에 피어있던 연분홍 매화가 소환되었다. 그 매화꽃 아래를 오가며 환하게 웃던 여인도 따라 나왔다. 화려하지는 않았어도 입가의 미소는 분홍 꽃잎이었지. 두향을 사랑한 퇴계 이황도 나와 같은 마음이었을까.

퇴계도 이런 매화의 매력에 푹 빠져서 헤어나지 못했나 보다. 최인호의 장편소설 《유림, 전6권》 3권을 통하여 성리학의 대가 퇴계와 관기 두향의 연정이 널리 알려져 있다. 첫눈에 반한 관기와 올곧은 선비는 쉽게 정을 나누지 못하였다. 퇴계의 매화 사랑에서 연유하여 두향과 마음이 오가며 연정으로 발전했을 것이다. 퇴계도 두향도 길지 않은 만남 뒤에 온 이별이 큰 아쉬움이었을 것이다. 이별을 앞둔 날 밤, 둘은 말없이 마주앉았다. 단양군수 이황이 무겁게 입을 열었다. "내일이면 떠난다. 기약이 없으니 두려울 뿐이다." 두향은 말없이 앉아서 먹을 갈고 붓을 들어 시 한 수를 써내려갔다.

이별이 하도 서러워 잔 들고 슬피 울며

어느덧 술 다하고 임마저 가는구나

꽃 지고 새 우는 봄날을 어이할까 하노라

퇴계는 매화에 물을 주라는 마지막 말을 남기고 생을 마감했다고 한다. 두향이 보내준 매화나무! 두향의 일편단심이 바로 매화로 변신했다는 생각이 자꾸만 나의 발길을 더디게 했다.

퇴계 선생이 남긴 시 한 줄도 떠올랐다.

**前身應是明月 幾生修到梅花**

내 전생은 밝은 달이었지 몇 생애나 닦아야 매화가 될까.

## 코로나 백신

아침부터 후덥지근했다. 비가 내린다는 예보와는 달리 며칠째 흐린 날씨에 등줄기 통증이 밀려왔다. 밤이 되니 잠을 이룰 수 없는 지경이 되었다. 신우신염으로 힘들었던 때의 악몽이 되살아나는 듯했다. 바로 누워도, 엎드려 봐도, 옆으로 누워도 편치 않았다. 엎치락뒤치락하는 사이에 알람이 울리고 어김없이 홀딱벗고새 소리가 창문 틈으로 들려왔다.

앞가슴에도, 등에도 붉은 반점이 돋으며 통증의 강도가 더해가던 날이었다. 산행을 약속했는데 걱정이 태산이었다. 심장질환으로 놀란 적이 있었기에 또 쓰러질까 하는 염려가 엄습해 왔다. 집에는 내색도 못하고 대충 짐을 꾸려 도망치듯 빠져나왔다. 열차에서 버즈를 통해 흘러나오는 EBS방송이 귀에 들어오지도 않았다. 온 신경이 가슴 통증에 쏠렸다. 집채만 한 바윗덩이가 가슴에 얹혀 짓누르는 듯했다. 무기력하게 멍하니 앉아 있자니 만사가 귀찮아졌다. 덜컹거리는 열차에 몸을 맡기고 한참을 앉아 있었다.

목적지에 도착했으나 산행은 고사하고 간신히 인사만 하고 일행과 헤어져 집으로 돌아왔다. 가슴이 화끈거리며 요동쳤다. 좀 지나면 괜찮아지겠지 하며 참아보려던 터였다. 쉽게 병원에 가기 싫은 성격 때문이었다.

다음날은 등과 가슴의 통증이 더 심해졌다. 지병인 심혈관의 문제일지도 모른다는 생각마저 들었다. 한편으로는 코로나19 백신의 부작용인가 의심도 되었다. 부작용이 실제 알려진 것보다 훨씬 다양하다는 소리가 들려오고 있었기 때문이었다. "백신의 부작용이면 어쩌나. 갑자기 또 쓰러지면 어쩌나." 어린애처럼 걱정이 밀물처럼 엄습해 왔다. 우선은 백신 접종한 OO병원에서 내과검사를 받았다. 환부를 검진하더니 대상포진 같다고 했다. 심장 부분의 통증을 염려하니 자기 분야가 아니라며 전문의 진찰을 권했다.

OO대학병원 담당 선생님과 간신히 예약할 수 있었다. 의사는 별일 아닌 듯 진단을 내렸다. "대상포진이 확실하니 걱정 말고 약 잘 드시고 예정대로 11월에 입원해서 검사받으세요."

"휴우."

천만다행이라는 생각이 들었다. 긴장이 풀리고 다리에 힘도 쭉 빠져나갔다. 백신의 문제도 심장의 문제도 아니라니 얼마나 감사한 일인가. 그래도 백신이 부른 대상포진이란 생각을 지울 수가 없었다.

그런데 통증이 심상치 않았다. 대상포진 치료약을 1주일 먹고 나니 가라앉는 듯하더니 다시 가려움증과 가슴통증이 심해지고 잠을 제대로 잘 수가 없었다. 무기력증에 두통이 오고 왼쪽 목부위가 뻑뻑하기까지 했다.

방송을 통해 들은 백신 후유증은 정부가 공지한 혈전증과 일부 증상 외에 탈모현상, 대상포진 등 다양한 증상이 발생할 수도 있다고 했다. 나에게 나타나고 있는 탈모까지, 그랬었구나. 알기로는 우리 가계家系에 탈모를 보인 사람은 없기에 더욱 의심을 갖게 되었다.

뉴스를 보니 그날도 1,200명이 넘는 신규환자가 발생했다고 했다. 델타변이 바이러스까지 확산되고 있어 잔뜩 긴장되었다. 이웃 일본에서는 1년이나 미뤄온 도쿄올림픽을 개막한다고 했다. 막대한 손실을 감수하며 무관중 경기로라도 치른다고 했다. 전문가의 말에 의하면 이대로 가다가는 하루 몇 천 명의 신규환자가 발생할 수도 있다고 했다.

그래도 코로나19 예방에 백신만 한 게 어디 있겠는가. 거리 두기,

마스크 쓰기, 손 씻기는 기본 방역에 불과할 뿐이었다. 백신의 이런저런 부작용이 있을지라도 백신의 확보가 최우선인 것은 삼척동자도 다 아는 일이다.

너나없이 세계 여러 나라 사람들이 앞다투어 맞고 있는 예방주사이다. 선진국들은 대부분 70% 이상의 접종률을 보이고 있다. 비해서 우리는 1차 접종 30%, 2차 접종은 겨우 10% 정도다. 정부의 백신 물량 확보가 부진하니 접종 진척이 신통치 않다. 국민의 안전이 최우선일 텐데, 백신 확보에 사활을 걸지 않고 무엇을 하고 있었을까. 지금은 백신 보릿고개라고 할 정도로 백신 가뭄을 겪고 있다. 맞고 싶어도 백신이 없으니 국민들만 애가 타들어 간다. 정부는 그러고도 방역 일등국가라고 자랑만 하고 있다.

또 예약 시스템은 어떤가. 예약자들이 한꺼번에 몰려들어 접속이 먹통이 되는 일이 다반사다. 적은 물량을 들여놓고 접속하라니 농수산물 경매만도 못하다. 손 빠른 사람에 밀려 느린 손은 아예 허탕만 친다. 문제는 백신 물량 공급이 부족한 탓이 아닌가. 더 한심한 일은 이미 제약업체와 예약한 걸 오류라고 취소시키는 일도 있었다니. 잔여 백신 예약도 손이 느린 사람은 끼어들 틈조차 없다. 차라리 순리대로 맡기면 좋으련만…. 접종률이 OECD 국가 중 최하위라니 더 말해 무엇하겠나. 차라리 일찍부터 기업에 맡겨서 백신을 구매했더라면 순조롭지 않았을까. 중국의 방해로 백신 구입이 어려웠던 대만의 경우는 세계적인 자국 4대기업들이 백신을 구입했다고 했다. 우리도 관계자들이 적극 나서서 이제라도 백신을 넉넉히 확보하기를 간절히 소망한다.

 이래저래 백신을 맞아도 못 맞아도 어수선한 세상이다. 코로나19 없는 세상이 속히 되돌아오기를 기다리며 통증을 견딘다.

## 외식

어제는 호숫가를 산책했다. 기세등등하던 동장군은 어느새 자취를 감추었다. 끈질기게 버티던 얼음도 속절없이 녹아내렸다. 어디선지 '개구르르' 개구리 소리가 봄바람을 타고 들려왔다. 개구리도 경칩이 다가옴을 용케도 알아차렸나 보다. 자연의 조화가 참 경이롭다.

오늘은 아파트단지 주변을 산책했다. 동반자와 동행을 하니 비서님을 모시고 나온 것처럼 마음까지 여유로웠다. 양지바른 곳의 매화도 배시시 웃으며 고개 숙여 인사를 했다. 식욕을 돋우기 위한 워밍업 산책을 나선 것인데 아내는 내용도 모르고 따라나섰다.

나도 내용도 모르고 친구들을 따라나섰던 적이 있다. 40여 년 전

비교적 늦게 골프를 시작했던 때였다. 그 후로는 골프가 좋았다기보다는 머리 얹은 날의 감회 때문에 골프에 푹 빠졌다는 게 맞을 것 같다. 골프장 조성은 해봤어도 골프클럽을 메고 필드로 나선 건 그때가 처음이었다. 첫 홀에서 티샷을 날렸다. 등 뒤에서 들려오는 "굿 샷!" 소리에 나는 멍하니 서있었다. 동반자와 캐디들의 합창이었다. 필드에서의 첫 샷! 공이 멀리 날아갔는지는 고사하고 똑바로 가는 게 중요하다는 선배들의 얘기만 생각났다. 동반자들이 굿 샷을 외친 건 똑바로 간 것을 의미하리라.

세컨 샷을 위해 하얀 공 앞에 섰다. 노란 잔디 위에 놓인 공에서 잠시 고개를 들었을 때 경사진 언덕 위에 새하얀 불이 켜져 있는 게 아닌가. 나무 위에 핀 백옥 같은 하얀 꽃다발! 목련화가 살며시 고개를 들고 있지 않은가. 이른봄, 동네에는 꽃소식이 없는데 산허리의 골프장에는 어떤 연유로 순백의 꽃다발이 걸려 있는 것일까. 초보자를 환영하는 선물인 듯했다. 일행들은 영문도 모르고 서있는 나의 뒷모습을 보며 멍하니 기다리고 서있었을 것이다. 공치기는 뒷전이고 순백에 넋을 빼앗기고 말았으니…. 골프장에 갈 때마다 그날의 목련이 가슴에서 피어났다.

목련 하면 민속촌에서 둘이 걸으며 보았던 꽃이기도 하다. 민속촌에서의 그날은 바람이 몹시 차가웠었다. 함께 걸으며 좋았던 기억이 아직도 생생하다. 목련꽃보다 예쁘던 아내였다. 목련 아래서의 사랑이었다.

그때의 목련꽃 얘기를 꺼내며 아내에게 외식을 하자고 했다. 얼굴 표정이 금방 환해지는 아내, 오미크론 때문에 외출은 고사하고 마스크로 입과 코를 닫고 지내던 때였다. 좀 이른 점심이지만 아내가 좋아할 만한 식당으로 들어갔다. 조용한 자리에 마주앉아 아내의 얼굴을 유심히 바라보았다. 같이 살아도 근래에 자세히 바라본 적이 별로 없다. 그 예쁘던 얼굴과 피부는 다 어디로 간 것인가. 세월의 훈장인가. 세상에 부는 바람을 오랜 시간 맞아 온 때문인가. 이게 다 나를 만나 젊음을 보낸 흔적이란 생각을 하니 애잔하다.

얼마 전 친구들과 용인 풍덕천길을 걸으며 커다란 보호수 한 그루를 본 적이 있다. 그때도 아내 생각이 겹쳐졌다. 650년을 넘는 세월을 견뎌온 나무는 개울 건너에서 바라보니 웅장했다. 나무는 개울과 2차선 도로 사이에 외롭게 서 있었다. 가까이 다가가보니 칙칙한 가지는 기다란 철제 파이프로 군데군데 떠받쳐져 있었고 몸통의 움푹 파인 곳은 시멘트 반죽으로 채워져 있었다. 몸체는 커다란 혹들이 튀어나와 울퉁불퉁했다. 온갖 시련을 견디며 살아온 훈장 같았다. 개발의 논리로 다른 나무들은 모두 베어져나가고 외롭게 서있는 게 애처롭다.

오로지 오랜 세월 동안 이곳에서 고려가 망하고 조선이 세워지는 것도 묵묵히 지켜봤을 것이다. 임진왜란이나 병자호란을 겪으며 얼마나 노심초사했을까. 일제치하 서른여섯 해와 북괴의 남침 때는 또 어떻게 견뎠을까. 가슴 한편이 아려온다. 그래도 즐거운 날도 많이 있었을 것이다. 과거 보러 가는 선비가 시원한 그늘에서 가슴을 풀어놓고 쉬었을 것이고, 그들이 땀을 식히며 고마움을 표했던 날은 덩달아 기분이 좋았을 것이다. 가마나 나귀 타고 시집 장가가던 신부 신랑도 시원한 그늘에서 쉬었을 것이다. 고목도 나이가 들고 하도 늙어서 기억이 잘 나지 않으려나.

아내의 얼굴을 마주앉아 지난 시간을 회상하며 나무가 견뎌온 시간과 우리네 삶의 시간을 가늠해 본다. 나무의 세월에 비하면 우리네 삶은 길지 않은 시간이지만 희로애락이야 얼마나 많았던가. 나무의 세월과 인간의 삶 또한 다를 바 없다. 얼굴은 쪼그라들고 기력은 쇠하고 눈도 침침하고 귀도 어둡다. 이제 힘에는 겸손하고, 보기 싫은 것은 빼고 좋은 것만 보고, 귀에 거슬리는 얘기에는 닫고 아름답고 좋은 소리만 들으라고 했던가.

민속촌의 식탁에 나란히 앉아 어깨를 맞대고 식사를 할 때는 부드러운 촉감이 옷을 타고 올라오며 찌릿하기도 했었는데 이제는 마주앉아 눈빛만 주고받는다. 보노라니 내 눈의 희미한 시력 탓인지

희뿌연 아내의 얼굴이 선명하지 않다. 격정의 시간을 견디며 바람과 햇볕에 그을린 얼굴이 또 애잔하다. 함께한 시간의 흔적들이 뭉게뭉게 피어오른다. 이렇게 결혼기념일에 마주앉은 마음은 측은지심이다. 그래도 오늘같이만 살아가면 좋겠다.

## 제2부

# 삶의 여정

춘야희우

절박했던 순간에

천안문학상 시상식 날에

안분지족의 삶

아버지의 천자문

봄 문학기행에 부쳐

행복 프레임

호수 가는 길

민들레

내 마음의 시간

# 춘야희우

고요한 밤. 독서에 귀 기울이고 있는 밤.

두툭 툭툭, 창문을 두드린다. 누구일까? 건너편 아파트 불빛도 하나하나 꺼져가고 있는 늦은 밤. 밖은 더욱 짙은 어둠이 빛을 몰아내는 중이다. 어둠은 늘 빛에 쫓겨 다니다 밤에는 주인 행세를 하는 것인가. 강풍에 쓸려온 비가 창문을 세차게 두드리고 있다.

지난주에 내린 비에 매화 봉오리가 툭툭 터지더니 길가 옹벽 틈바구니에는 쑥이며 민들레, 씀바귀들이 초록으로 얼굴을 들어 올리고 있던 때다. 반가운 손님이 늦은 밤에 찾아오고 있다. 춘야희우春夜喜雨라 했던가. 반가운 밤비다. 새날이 밝으면 온 대지가 흔들리며 더욱 꿈틀거릴 것이다.

이른 아침 호숫가로 나섰다. 연한 물안개를 안고 개나리가 노란 주둥이를 삐죽이 내밀고 반긴다. 화살나무도 화살인 양 가시 모양을 하고 눈꺼풀을 여는 중이다. 물안개의 기운을 받아 능수버들은 노란 강아지를 매달아 올리는 중이다. 하늘하늘 춤을 추며 엉덩이까지 살랑살랑 흔들어댄다. 호수로 가는 길가에 순백의 매화와 분홍색 매화가 웃으며 인사를 했는데 무심코 그냥 지나쳤네, 아니 노란 산수유도 인사를 했는데 미안하기 그지없다. 돌아가는 길에는 귀에 집중하지 말고 눈에 집중하고 인사하리라. 순백의 목련화는 진주 품은 조개가 입술을 열듯 벌어지고 있다. 길가의 키 낮은 담장 너머로 보이는 귀퉁이에 정갈하게 가꿔놓은 꽃밭이 보인다. 하얀, 노란 수선화가 수줍게 모습을 드러내고 있다. 양지바른 곳에는 진달래 봉오리가 신선하게 아침 이슬을 머금고 있다. 이슬이 떨어지면 옥문을 열어 보이려는 자세를 취하고 있다. 이제 곧 벚꽃도 복숭아꽃도 요염한 자태를 뽐내기 시작하겠지.

그렇게 많은 일로 밤새도록 요란했구나. 참 신비롭기도 하여라. 매년 오고 가는 봄이건만 밤비는 누구도 알 수 없는 일을 하고 대지를 흔들어 놓고 간 것이다. 호수를 유영하던 많은 청둥오리는 다 어디로 가버리고 검둥이 한 마리만 혼자 방황하고 있다. 밤새도록 짝을 잃고 헤매느라 마음이 까맣게 탔나? 그래 몸조차 숯검댕이 된 것인가? 짝은 어디로 간 것인가.

창문에 부딪히는 봄비는 나를 더 고요 속으로 침잠시킨다. 눈은 더 초롱초롱해진다. 빗속으로 걸어 들어가 본다. 봄비 내리는 밤에 읊기 좋은 시가 떠오른다. 1300여 년 전 당나라의 시성詩聖이라 추앙받는 두보杜甫의 시다. 그의 수많은 시 중에 이 밤에 딱 맞는 시, 〈춘야희우春夜喜雨〉가 그랬다.

春夜喜雨(춘야희우) 봄밤의 기쁜 비/ 두보

好雨知時節(호우지시절) 좋은 비는 시절을 알아
當春及發生(당춘급발생) 봄을 맞아 모든 것을 피워내고
隨風潛入夜(수풍잠입야) 바람 따라 살며시 밤에 들어와
潤物細無聲(윤물세무성) 만물을 적시나 가늘어 소리가 없네
野徑雲俱黑(야경운구흑) 들길은 구름과 함께 어두운데
江船火獨明(강선화독명) 강가 배안의 등은 홀로 밝네.
曉看紅濕處(효간홍습처) 새벽에 붉게 젖은 곳을 보니
花重錦官城(화중금관성) 꽃이 활짝 핀 금관성이구나

당시 두보(712~770) 또한 봄비의 감흥은 나와 별반 다르지 않았나

보다. 시성詩聖 두보는 시선詩仙 이백(702~762)과 함께 중국 고대의 대표적인 시인이었다. 하지만 시선 이백은 젊은 시절부터 한시와 기행으로 천하에 알려진 데 반해 두보는 죽어서야 그의 시적 가치를 인정받았고 시성으로 추앙받고 있다. 58세에 하직한 두보는 생활이 어려웠고 관운도 없어 가난을 면치 못했다. 올곧은 성격으로 직언 등이 고난의 길이었는지도 모르겠다.

그가 죽고 난 후 중당기의 한유, 백거이 등이 숭배했고, 북송 시기의 왕안석과 소동파 등에 의해 중국 최고의 민중 시인으로서 시성으로 추앙 받으며 위상이 높아졌다. 그의 시는 단순한 천재성이 아닌 한 글자 한 글자가 뼈를 깎는 고통의 산물이었다. 이 시를 쓴 761년 봄은 산시에 가뭄으로 고통을 겪던 시기를 지난 후였다. 그는 스촨성두泗川成都에 정주하였다. 이 시는 청두초당成都草堂에 2년을 살면서 몸소 농사를 짓고 꽃도 가꿀 때 썼다. 그런 연유로 봄비에 정이 갔고 교류까지 하다 보니 봄비가 만물을 소생시키는 상상을 했을 것이다.

나의 마음이 시성 두보의 생각에 어찌 미칠까마는 그의 시 속에 다시 빠져보며 어릴 적 고향에서의 봄도 소환해 본다.

시성詩聖과 시선詩仙은 누가 더 높은 경지에 닿아있는 것일까? 갑자기 궁금해진다. 높은 경지를 알 수 없는 필부에게는 바보 같은 일에 지나지 않는다. 춘야희우에 젖어들고 있다.

## 절박했던 순간에

 차창에 빗방울들이 사선을 긋는다. 장마철의 빗줄기가 세차다. 빗속을 달리는 열차는 구미를 지나 왜관을 향하고 있다. 치열했던 낙동강 전투가 벌어졌던 곳이다. 나 아직 어리던 그날, 하늘에서 총알이 저 비처럼 쏟아져 내렸겠지. 성인이 되어서도 이쪽 지역은 나에게 또 하나의 전쟁터였다.
 건설회사 직원이던 나는 현장책임자로 이곳에서 일한 적이 있었다. 그날도 오늘처럼 비가 주룩주룩 내렸었다. 며칠째 내리는 비는 그칠 기미조차 보이지 않았다. 하늘은 온통 먹구름으로 뒤덮였다. 간간이 섬광만 번쩍이며 빗줄기 사이로 사선을 그어댔다. 하늘에 구멍이라도 난 것인가. 비가 멎기만을 고대하며 기다렸다.

지하 터파기 공사가 끝나갈 무렵 장마철로 접어들었다. 예년에는 장마라고 해도 그렇게 많은 비가 내리지 않았는데. 그해에는 게릴라성 폭우까지 더해서 그칠 줄을 모르고 내렸다. 윤흥길의 중편소설 〈장마〉에서 내리던 비가 이런 거였을까. 지긋지긋하다 못해 무서울 지경이었다. 직원들과 인부들은 힘을 합쳐 피해 방지에 사력을 다했다.

공사현장 전면은 십차선 대로였고, 지대가 높은 뒤편에는 보험회사 빌딩과 주차장으로 이어진 구조였다. 좌측 빗면에는 경찰서 정문이 있었고, 우측에는 교육청 담벼락이 인접해 있었다. 교육청 바로 옆에는 시청사가 자리하고 있었다. 그런 상황에 지하 20여 미터에서는 기계실 바닥콘크리트를 타설하고 있었다. 한 달 전부터 장마에 대비한다고 했건만 막상 닥치고 보니 큰비에 그동안의 계획은 무계획이 되고 말았다. 콘크리트가 빗물에 쓸려 내려가지 않도록 비닐로 단단히 덮었다. 빗물에 쓸리지만 않는다면 콘크리트 양생에는 물이 최적이 아니던가. 그런데 굳기 전에 빗물에 노출되면 콘크리트는 한없이 나약한 존재가 되고 만다. 모두 쓸려 내려가 버리면 끝이다.

한데, 무심한 비는 그칠 기미는 보이지 않고 점점 세차게 내리는 게 아닌가. 빗물은 어느새 양수기가 감당할 수 있는 용량을 초과해

버렸다. 양수기 몇 대를 긴급하게 추가로 설치했다. 배수로는 더 깊게 파서 물 흐름을 원활하도록 도왔다. 소장은 직원들을 믿으면 좋으련만, 불안한 마음으로 난간을 부여잡고 현장에서 눈을 떼지 못하고 있었다. 작업반장이 인부들과 할 일에 직원들까지 총출동하여 콘크리트 지키기에 안간힘을 쏟았다.

시간이 지나도 비는 그칠 줄 모르고 더 세차게 내렸다. 지하는 이미 물바다가 되어버렸고, 새로 투입한 양수기로도 감당할 수 있는 한계치를 넘어섰다. 콘크리트를 지키는 일은 이제 포기해야 할 상황이었다. 직원들은 발목을 넘어 무릎까지 차오르는 물과 사투를 벌이고 있었다. 자정이 넘어 비는 조금 잦아드는 듯했지만, 물이 가득 찬 지하의 배수 작업은 멈출 수가 없었다. 다음날도 폭우는 그치지 않았다. 현장 주위의 모든 빗물은 지대가 낮은 공사장 지하로 향했다. 높게 쳐놓은 배수로를 넘어 성난 폭군처럼 밀고 내려왔.

물의 속성상 땅속으로 침투하는 양도 대단할 테니 흙막이가 언제까지 버텨줄 지도 의문이었다. 이제는 약해져 가는 흙막이를 걱정해야 하는 상황이 되었다. 제일 취약한 구간은 보험사 쪽이었다. 지질 변동이 생겨 흙막이가 밀리지 않을까 노심초사했다. 주차장 울타리를 따라 바닥에 도랑을 만들고 바닥 전체를 두꺼운 비닐로 덮었다. 교육청 쪽 경사면과 화단에 흐르는 물도 결국은 현장 지하로 흘러드는 구조였다. 그래서 그곳 역시 현장의 흙막이 벽에 면한 부분에서부터 비닐로 완전히 밀봉해버렸다. 빗물이 유입될 만한 곳은 모두 틀어막아 보려고 했다. 내리는 빗물은 양수기가 계속 퍼 올려도 줄어들 기미가 없다. 인간과 자연의 한판 대결이었다. 그러나 그칠 줄 모르는 비를 막기에는 태부족이었다. 흙막이는 어스앵커(earth anchor)공법[1] + 트러스(truss)공법[2]으로 시공되어 있었다.

만일 물이 스며들어 어스앵커가 빠져나오거나 앵커의 철심이 밀리는 토압에 견디지 못하고 터진다면 결과는 뻔했다. 또 더 많은 물이 흙막이 벽 뒷면으로 차오르면 히빙(heaving)[3]현상이 올 수도 있었다. 이런 사태까지 온다면 현장은 모두가 흙 속에 파묻히고 말 것이다.

사고로 이어진다면 인명피해는 물론 공사 지연에 따른 회사의 손

실은 막대하리라는 생각에 이르니 오금이 저리며 밤이 되어도 잠시 눈조차 붙일 수가 없었다. 비가 그치기만을 학수고대했다. 그렇다고 하늘만 바라보고 있을 수는 없는 노릇이었다. 할 수 있는 방법은 총동원했다.

가까스로 비가 그쳤다. 고생의 대가일까. 큰 사고는 면했다. 그러나 비가 그쳤다고 끝난 것은 아니었다. 약해진 지반으로 인해 흙막이 벽에 미세한 변형이 있음을 감지했다. 본사의 구조 안전팀에 구조검토와 안전진단을 요청했다. 진단결과 물을 흠뻑 머금은 지반이 많이 약해졌고, 주위의 바닥 갈라짐이 진행 중이라고 했다. 비가 더 내렸다면 한계치를 넘어 흙막이가 전도되었을 것이라고 했다. 다시 한번 아찔했다. 지하층 공사가 끝나기 전까지 안전을 유지하려면 흙막이 보강공사가 필요하다는 진단이 내려졌다. 모든 공사를 중단하고 트러스 구조 보강공사를 실시하였다. 두 달여의 보강공사는 일사천리로 진행되었다. 본사의 확인점검 결과 구조검토대로 시공되었다는 판단을 받고 본 공사를 재개할 수 있었다.

위기를 잘 대처한 결과 우수현장으로 선정되기도 했다. 위기 앞에서 조금이라도 방심했었다면 어떤 일이 벌어졌을까. 돌이켜 보면 그때의 상황은 총탄이 날아오고 육박전이 벌어지는 또 하나의 낙동강 전투였다. 순간의 판단이 빗나가거나 늦었다면 수많은 인명피해와 막대한 손실을 입었을 것이다. 게다가 회사의 명예와 현장 책임자의 신용까지 잃을 수도 있는 상황이었다.

　SRT는 빗속을 쏜살같이 내달린다. 폭우의 물구덩이에서 '숨이 막혀 허덕이다가' 쪽잠에서 번쩍 깼다. 그러고 보니 살아온 나의 매 순간이 결단의 연속이었다. 어느 누구의 인생인들 다를 텐가. 살다 보면 어떤 형태로든 하루에도 수많은 결정을 해야 하는 상황을 맞이한다.

　정재승 KAIST 바이오 및 뇌공학과 교수는 "의사결정이 100% 완벽한 것은 없다. 적절한 의사결정을 하는 것만큼이나, 그것을 적절한 시기에 하는 것도 중요하다."라고 했다. 나 역시 현장에서 수많은 위기의 순간을 맞이하며 현명하고 빠른 판단이 일의 성패를 좌우한다는 큰 교훈을 되새기게 되었다.

　이제는 본업에서 물러난 지 오래다. 그때의 절박했던 순간들이 다시 온다면 그때처럼 적절한 판단으로 위기를 극복할 수 있을지는 의문이다. 지난날의 내게 박수를 보낸다.

## 천안문학상 시상식 날에

눈발이 사납다. 엊그제까지 봄날보다 따뜻하고 여름장마처럼 비도 내렸다. 그러던 날씨가 북극의 한파에 밀려 비는 눈으로 얼굴을 바꾸었다. 바람까지 눈발을 마구 흔들어댔다.

눈이 그치기를 기다리고 기다려도 그칠 기미가 없다. 시간이 촉박하여 눈발을 뚫고 나섰다. K 선생님 문학상 시상식에 드릴 꽃다발을 사러 가는 길이었다. 동행하기로 한 선생님들과 약속시간에 맞출 수 있을지, 어떤 꽃이 예쁠지, 어느 규모가 좋을지를 상상하며 발길을 재촉했다. 빨리 가서 수상하는 선생님을 기쁘게 해드릴 마음이 앞섰다. 몇 백 미터 떨어진 꽃집은 어찌 그리 멀기만 한지. 눈보라에 영하5도 날씨라고, 모자와 머플러로 중무장한 탓인지 오히려

땀이 후줄근하게 배어나왔다.

　'에덴 꽃집' 문을 밀고 들어섰다. 여느 꽃집의 분위기와는 사뭇 달랐다. 바닥은 그레이톤 대리석으로 환했다. 진열된 꽃 하나하나가 그림이었다. 잎이 앙증맞은 호랑가시나무도 예뻤다. 사장님은 기다렸다는 듯 전화 속의 음성보다 더 다정하게 맞아주셨다. 나는 급히 가느라 줄줄 흐르는 땀에, 기침에, 우산 접으랴, 두르고 간 붉은 머플러 벗으랴, 게다가 안경에는 희뿌연 김까지 서려서 정신이 빠져나가는 듯했다. 수상식에 가기도 전에 꽃집 사장님 앞에서 체면을 구기고 말았다. 기침하고 정신없는 나에게 얼른 따끈한 차 한 잔을 내밀었다. 한 모금을 마시니 기침이 싸악 가라앉고 편해졌.

　좀 밝은 색과 짙은 색 꽃으로 조합하여 주문했다. 사장님은 꽃을 하나씩 넣으며 설명을 해주셨다. 꽃을 받으면 누구나 기분이 좋아진다며, 문학상 수상에 축복의 눈이 내리고 있다며, 나의 기분을 띄워주셨다. 내가 상을 받는 것도 아닌데, 덩달아 기분이 좋았다. 들고 가기 편하게 가방에 꽃다발을 넣어주셨다. 기다리실 선생님들을 생각하며 발걸음을 재촉했다.

　문학관에는 벌써 많은 인파가 기다리며 축하의 인사를 전하고 있었다. 수상하시는 K 선생님은 만면에 웃음이 가득했다. 축하하는 모든 이들이 다 한 마음이리라. 3층 행사장으로 올라가니 〈사랑의 기쁨〉이 연주되고 분위기는 후끈 달아올라있다. 시상식이 시작되고 천안시장은 축하의 말을 전하며 상패와 부상을 수여하였다. 이어서 축하의 꽃다발 전달시간이었다. 긴 행렬을 따라 나도 꽃다발을 전달했다. 꽃바구니와 꽃다발에 둘러싸인 선생님은 꽃보다 더 환하게 웃고 계셨다. 수상의 기쁨을 만끽하는 순간이었다. 특히 우리 신안수필 문우님들이 총출동하여 수상식장은 발 디딜 틈 없이 붐볐다.

이어서 수상작 〈봄으로 오는 당신〉이 낭독되었다. 나는 지그시 눈을 감고 들었다. 그립고 보고 싶은 어머니가 봄으로 오셨다는, 그리움이 밀려온다는 절절함이 배어 나왔다. 춥던 겨울이 지나고 어머니의 온기가 절절하게 그리운 날에 봄으로 찾아오시는 환상이 애절했다. 많지 않은 나이에 아버지와의 이별은 절망이었을 어머니가 더 안쓰러웠다. 당시의 어머니보다는 나이가 들었지만, 연전에 남편을 떠나보내신 선생님은 어머니의 마음을 아신 걸까. 상실의 아픔을 겪어보고야 아는 것이 우리네 인생인 듯했다.

갑자기 경북 안동에서 발견되었다는 조선시대 '원이엄마 편지'가 떠올랐다.

당신은 늘 나에게 말하기를 둘이 머리 희어지도록 살다가 함께 죽자고 하셨지요.

그런데 어찌 나를 두고 당신 먼저 가십니까?

나와 어린아이는 누구의 말을 듣고 어떻게 살라고 당신 먼저 가십니까? -생략-

430여 년 전의 무덤에서 발견된 언문편지의 일부 내용이다. 편지의 주인공 이응태는 31세의 나이에 어린 자식과 임신한 아내를 두고 병으로 세상을 떠났다. 임신한 몸으로 남겨진 아내의 마음은 어떠했을까. 긴 시간이 지났지만 머리카락으로 빚은 미투리와 원형이 보존된 편지가 세상에 공개되어 가슴을 저리게 했다. 선생님 어머니의 마음도 다르지 않으셨을 것이다.

제상 앞에 서서, 무릎 꿇고 축문을 읽어 내려가는 대견한 아들의 넓은 등짝에 또 마음이 아프다고 썼다. 함께 낳아 키운 이 늠름한 아들의 모습을 혼자만 누리는 게 남편에게 미안했다는 말에 나도 코끝이 또 찡해왔다.

그래도 자신은 장성한 자식이 위안이지만 아버지를 먼저 보내신 어머니를 생각하면 또 가슴이 저려온다고, 마음을 달래려고 내달리던 지리산 자락의 노오란 산수유에서 어머니를 만난 듯 기쁘다고 했다. 벌씀바귀로 기별하고 노오란 산수유를 보며 위안을 삼으시는 구절에서는 나의 마음도 환생을 반갑게 생각했다.

  수상하신 선생님은 작품을 통해, 살고 난 후의 자신도 환생으로 누군가에게 다가가고 싶은 소망을 띄웠다. 봄의 어떤 꽃이어도 좋다고, 누군가에게로 온기 어린 지팡이로 다가서겠다는 다짐으로 마무리되었다.

  밖에서는 여전히 눈보라가 창을 흔들고 있었지만, 결혼식장의 축하곡 같은 경쾌한 〈사랑의 기쁨〉 선율이 수상식장을 감싸고 있었다.

## 안분지족의 삶

 고소하다. 돼지감자를 주전자에 팔팔 끓여서 보온병에 담아놓고 사시사철 마신다. 더운 날에는 냉장고에 넣어두고 차게 마셔도 좋다. 혈당에 도움이 된다고 해서 먹기 시작했다. 식수로 마시니 몸이 먼저 안다. 오늘도 아내는 뚱딴지차를 끓여 놓는다.

 최진영의 단편소설 〈홈 스위트 홈〉에서 주인공이 늘 먹던 배달음식 대신 남편과 함께 만든 음식을 하얀 그릇에 담아서 천천히 먹다가 시원한 차를 마시면 "물이 정말 달았다."라던 말이 떠오른다.

 속이 허전한 날은 '먹방'을 즐기는 사람들처럼 속이 따뜻해지는 국물과 매콤한 음식을 탐닉해 본다. 사람들 일상의 독백과 소소한 대화 또는 침묵을 맛본다. 요란하거나 과장된 표현이나 반응이 없어도 무심한 얼굴의 미세한 떨림이나 상처받은 사람이 자신에게 보내는 약간의 위로가 있다. 지금보다 조금은 나아지고 싶은 간절한 마음이다. 우리가 맛보고 싶은 건 어떤 맛보다도 한 인간의 진실한 맛이리라.

좋은 수필이나 소설 한 편이 그런 맛일 게다. 뚱딴지차를 한 잔 가득 따라 마시며 소설을 다시 읽어 본다. 몇 장 넘기지 않아 주인공은 암에 걸리고 만다. "나는 죽어가고 있다. 살아 있다는 뜻이다."

어떤 집에서 죽어갈 것인가. 완치라는 불확실한 희망보다는 자신의 집을 짓고, 그곳에서 죽으리라는 구체적인 선택을 한 주인공의 이야기를 읽어 나간다. 차를 홀짝이며, 콧물을 훌쩍인다. 이 글을 읽으며 다시 건강해지기를 기원하는 옛 동료 둘이 떠오른다.

A는 살다 떠날 집을 마련했다. 얼마 전 아들 집 옆에 보금자리를 틀었다. 자신보다는 떠난 뒤 아내를 위함이 더 컸으리라. 항암치료는 일상이 되었다고 했다. 모든 것은 운명이기보다는 주님의 뜻이라며 담담하게 살아가고 있다. 벌써 100여 차례 넘는 항암치료를 받았고 성실하게 관리하며 삶을 이어간다. 폐암환우협회를 결성하여 회장직을 맡아 환우들이 안정하도록 돕는다. 살아온 날들의 기적을 협회에서 간증하며 즐겁게 살아간다. 기회가 될 때마다 교회나 방송에서 간증에도 최선을 다한다.

B도 평생 살 집을 찾아 들어갔다. 가족이 운영하는 보육원에서 수년간 장모님을 모셨던 경험을 살려 집을 개조했다. 건축가답게 자신의 휴먼스케일에 딱 맞춰 고쳤다. 장모님을 모셨던 것처럼 자신이 더 늙어서 케어 받을 수 있도록 했다. 아들네와 같이 살면서 도움 받는 데 최적의 구조를 만들었다. 일례로 침대에서 일어나 낙상 없이 안전하게 바닥으로 내려오도록 했다. 식사에도 편리한 침대, 용변을 편하게 볼 수 있는 구조까지도 설계했다. 언제 닥칠지 모르는 일이라며 미리 준비한 것이란다. B는 코로나19의 영향인지 헤모글로빈 수치가 떨어져 검사를 여러 번 받았다. 장기계획으로 치료를 받고 있다. 기도로 마음을 다잡고 긴 싸움을 하고 있다. 반드시 건강승리를 확신한다.

　생각해 보면 A도 B도 거창한 것이 아닌 안분지족安分知足의 삶을 살고 있는 게 아닐까. 내가 뚱딴지차를 마시는 일처럼 말이다.

　우리는 차를 마시듯 늘 형용사를 입에 달고 산다. 그 속에는 부정의 말들이 압도적이다. 힘들다 재미없다 덥다 춥다 등등. 그런데 내가 가장 좋아하는 말 중의 하나인 '시원하다'는 긍정에 더 무게를 두는 말이다. 원기를 불어넣어 주는 형용사다. 시원한 샘물이 솟아오른다. 한여름에 시원한 서풍이 불어온다. 뜨거운 국물이 시원하다. 뜨거운 목욕탕에 들어가서도 시원하다 하지 않던가. 뜨거운 국물이나 욕탕의 물도 우리 몸의 피를 잘 돌게 하는 포만감에서 오는 희열을 '시원하다'고 표현하는 말이 아닌가.

그런데 사람은 너무나 간사하다. 간사하다는 말의 사전적 의미는 원칙을 따르지 않고 자기의 이익에 따라 변하는 성질을 말한다. 날씨가 조금만 바뀌어도 더워 죽겠다, 추워 죽겠다. 긍정보다 부정의 형용사를 입에 달고 사는 게 우리네 일상이다.

나도 일이 힘들었던 시절엔 많은 부정적인 형용사를 입에 달고 살았었다. 이제는 긍정의 말로 살아가련다. 이미 일에서 비켜선 지 오래고 글쓰기에 비중을 두니 '시원하다'는 말이 활력 넘치게 해준다.

폭염이 상상하기 힘들 정도로 기승을 부린다. 수은주가 35도를 오르내리고 체감온도는 40도를 넘나든다. 오늘은 글쓰기고 뭐고 다 접어두고 시원한 풍딴지차를 배낭에 넣고 시원한 계곡으로 탁족이나 떠나야겠다. 생각만 해도 시원해진다.

# 아버지의 천자문

"이랴, 낄낄!"

논두렁에 쇠뜨기와 자운영이 싹을 틔우면 소 모는 소리가 넓은 들녘 여기저기 울려 퍼졌다. 조용하던 들판에 종달새도 '지줄지줄 지지지' 덩달아 높이 날아올랐다. 들녘은 그렇게 분주해졌다.

분주하게 시작한 한 해 농사가 마무리되는 가을이면 들녘은 허허로워지고 농촌은 조용해져 갔다. 밖으로만 쏘다니던 우리도 따뜻한 온돌방을 찾아들었다. 저녁이면 등불 아래 옹기종기 모여 앉아 아버지 앞에서 그날의 일과를 마무리했다. 형들은 학교에서 공부한 얘기를 했다. 아직 어려서 학교에 가지 못한 나는 〈천자문〉을 외웠다.

이웃 동네에 서당이 있었다. 상급학교 진학을 못 한 동네 형들이 공부하러 가는 곳이었다. 더러 학교 가기 전에 천자문을 공부하는 일도 있었다. 내가 그런 애 중에 하나였다. 지금 회억해 보면 아버지는 막내인 나를 각별히 아끼신 듯했다. 한글도 깨우치기 전부터 천자문을 가르치셨으니.

하늘 천, 따 지로 시작하는 천자문을 외우고 뜻을 말하는 전 과정을 배웠다. 아직도 첫 구절 천지현황天地玄黃 우주홍황宇宙洪荒과 끝 구절 위어조자謂語助者 언재호야焉哉乎也는 또렷이 기억난다. '하늘과 땅은 어둡고 누렇다. 세상은 한없이 넓고 시간은 영원하다.'로 천자문이 열린다. 말미에 위어조자謂語助者 언재호야焉哉乎也는, 말에는 꼭 필요한 '어語'와 '조助'가 있으며 조에는 언재호야焉哉乎也 같은 말이 있다. 뜻도 모르면서 그저 외우고 칭찬을 받는 게 좋았었다.

세월이 지나 중학생 때 아버지로부터 천자문을 다시 배웠다. 좀 더 깊이 있게 익혔다. 근래에 와서 그때를 회상하며 다시 천자문을 펼쳐놓고 시작과 끝을 들여다보았다.

처음의 천지현황天地玄黃을 재배열하면 천현지황天玄地黃이다. 천현과 지황으로 구분하여 볼 수 있다.

'천현天玄'은 하늘이 검다는 뜻이다. 하늘이 검은 것은 알 수 없는 묘한 이치를 가지고 있음을 뜻한다. 하늘이 먼저 있은 뒤에 땅이 있으니 땅은 하늘을 법으로 하고(地法天), 땅이 있은 뒤에 만물(사람)이 있으니 만물은 하늘과 땅을 법으로 한다(人法地). 법으로 한다는 것은 땅과 만물이 하늘의 속성을 승계하고, 그 법칙에 의지하고, 그 제약에 구속됨을 말한다. 하늘은 땅과 만물의 환경을 구성하며 스스로 그러함(自然)이며 존재함(存在)이다.

'지황地黃'은 땅이 누렇다는 뜻이다. 땅이 있고 난 뒤에 만물이 있으니 만물은 하늘과 땅을 법으로 한다(人法地). 땅은 하늘 아래서 만물을 싣고 있으며 땅의 색깔이 누런 것은 곡식을 뜻한다. 곡식은 만물을 생육한다. 그러나 곡식을 심고 거둠은 인간의 의지에 따른 행위이므로 이는 인위人爲이며 당위當爲이다.

우주홍황宇宙洪荒도 재배열하면 우홍주황宇洪宙荒이다. 우홍과 주황으로 구분하여 볼 수 있다.

'우홍宇洪'은 하늘과 땅의 안을 가로로 말하여 상하와 사방이 되니 공간(宇)이라 하고, '주황宙荒'은 세로로 말하여 지난 과거와 현재와 미래가 되니 시간(宙)이라 한다. 즉 우리가 사는 세상이란 공간과 시간으로 구성되어 있다. 이렇듯 하늘과 땅을 이루는 공간은 좌우가 아득히 길고 넓으며(홍광洪廣), 가없이 넓으니(무애사無涯涘) 무한히 크고 안정된 것이다. 하늘과 땅을 이루는 시간이란 지나간 시간은 아득하고 다가올 시간은 멀리 있으며(황원荒遠), 마침도 없고 다함도 없으니(무종극無終極) 영원한 것이다.

말미의 위어조자謂語助者에는 '실자實字'와 '허자虛字'가 있음이니 실자란 '어語'이며 허자란 '조助'이다. '어'는 말씀의 중심이 되는 뜻을 나타내는 말이며, '조'란 말씀의 정취情趣를 나타내는 말이므로 '허'라 하여 없앨 수는 없는 것이며 허가 없으면 문장의 끝이 없게 된다. 일과 인생에도 실과 허가 있다. '실實'이 '동動'으로 움직이는 것이라면 '허虛'는 '정靜'으로 쉬는 것이다. 일은 끊임없이 새로운 일로 이어진다. 이어지는 듯해도 일과 일 사이에는 항상 쉼이 있다. 일이 긴장緊張이라면 쉼은 이완弛緩이다. 이완은 새로운 일을 할 수 있는 에너지를 충전하는 시간이기에 일이 될 수 없다. 그렇다고 허정虛靜이라 하여 버릴 수 있는 것이 아니다.

인생에도 동動과 정靜이 있으니 이들이 만드는 궤적을 파동波動이라 할 수 있다. 파동은 기승전결의 모양을 나타내는 사이클을 그린다. 하나의 파동이 끝나면 항상 쉼이 있게 된다. 그 쉼의 기능이 바로 언재호야焉哉乎也에 있으니 새로운 파동이 제대로 그려질 수 있는 것이다. '언焉'이란 하나의 파동이 마무리되었음을 나타낸다. '재哉'는 파동에 대한 자평自評으로 좋고 나쁘고, 만족하고 아쉽고, 기뻐하고 슬퍼하는 느낌이다. '호乎'란 타인을 통해 파동에 대한 반성과 성찰을 알아보는 것이다. 세평世評으로 자신을 돌아보는 것이다. '야也'는 앞의 파동이 마무리되고 새로운 파동을 나타내는 것이니 야가 있기에 새로이 준비하고 출발할 수 있는 것이다.

　문학평론가 박양근 교수는 《좋은 수필 창작론》에서 "첫 문장과 끝 문장에 혼신의 힘을 기울여라."고 했다. 천자문에서도 서두와 말미에 집중한 것을 보면 알 수 있다.

　천과 지가 창조되고 인간과 만물이 창조되었다. 무한한 하늘과 광활한 대지인 공간과 과거에서 미래로 흐르는 무한한 시간이 창조되었다.

　마침은 사람의 본분을 지키라는 말이다. 사람은 필요한 것만 취하고 그렇지 않은 것은 버리려 하지만 삶에서 실과 허, 어느 것 하나도 소홀히 할 수 없다. 이 세상에 창조된 모든 존재는 필요치 않은 것이 없다. 필요한 것의 뒤에는 그렇지 않은 필요한 것이 있어야 세상은 조화를 이룬다. 그것은 글에서도, 일에서도, 인생에서도 그러하다. 가르침을 주시던 아버지의 말씀이 귓전에 맴돈다.

## 봄 문학기행에 부쳐

　여느 해보다 빠른 봄, 꽃이 활짝 폈다. 기온이 예년보다 빨리 올라갔다는 예보가 실감났다. 탄소 배출량이 늘고 오존층 파괴로 지구온난화가 가속화되어서인지 봄이 초여름 날씨로 성큼 다가왔다.
　일찍 개화한 벚꽃에 맞춰 충북 옥천으로 문학기행을 갔다. 꽃에 취해 있는 사이 버스는 옥천톨게이트를 진입하고 있었다. 고속도로에서부터 이동원, 박인수가 부르는 〈향수〉가 흘러나왔다. 문우들 모두 차창을 지나는 꽃에서 깨어나 향수에 빠져들기 시작했다. 정지용의 시를 노래로 만든 것이다. 작곡가 김희갑 선생이 곡을 썼고 가수 이동원과 성악가 박인수가 함께 불러 유명해졌다.
　옥천에는 한국 모더니즘의 선구자인 시인 정지용의 생가가 있다.

정지용은 이곳에서 나고 열일곱 살까지 살았다. 지금은 정지용 문학관이 세워져 있다.

　인근에 있는 영부인 육영수 여사의 생가도 방문했다. 육 여사 생가는 정지용의 생가보다는 대저택이었다. 저택의 분위기를 보니 여사의 살아온 인품이 그대로 담겨있는 듯했다. 그렇지만 옥천은 온통 정지용의 거리인 듯했다. 시詩가 식당의 이름이고, 거리는 향수 노래가 잔잔히 흐르고 있었다. 찻집은 향수를 더 깊이 끌어안고 있었다. "넓은 벌 동쪽 끝으로…, 질화로에 재가 식어지면…, 하늘에는 성근 별 알 수도 없는 모래성으로 발을 옮기고…"

　오후에는 〈향수〉 노래를 뒤로하고 일정에 없던 묘목축제장을 방문했다. 때맞추어 대규모 묘목축제가 열리고 있었다. 모 선생님이 그곳에 가보자고 제안하셨다. 묘목축제는 식목일 전의 행사로 충북 옥천군 이원면에서 열리는 행사였다. 옥천은 1930년대부터 복숭아 묘목을 재배하여 전국으로 출하하는 곳이었다. 그런 연유로 최초 묘목산업특구로 지정되었다. 축제는 "묘목 한 그루로 맑은 공기를 선물하자"는 슬로건을 내걸고 열리고 있었다. 고품질 우량 묘목을 생산, 판매하고 묘목에 관련된 전시 및 교육 프로그램이 진행되었다. 전국 과수 묘목의 대부분을 옥천에서 생산하고 있다. 이곳에서 생산되는 묘목은 내한성이 강하고 자생력이 뛰어났다. 이원면

전 지역이 사질양토砂質壤土로 묘목이 자라기에 적합한 토양, 알맞은 기후, 금강변의 풍부한 수량 등 천혜의 조건을 고루 갖추고 있다. 묘목뿐 아니라 각종 화초를 재배하기에도 좋은 조건이었다.

　돌아보노라니 묘목시장은 나의 예상을 뛰어넘는 엄청난 규모였다. 각종 묘목들과 꽃나무에 매료되어 선생님들과 한참을 더 둘러보았다. 정확한 시세를 모르니 값의 고하는 알 수 없었다. 동행하신 선생님께서 좀 비싼 듯하다고 하셨다. 값의 고하는 차치하고 묘목들이 왠지 안쓰럽게 보였다.

　어린 묘목들을 보니 뿌리 부분이 아주 짧게 싹둑 잘려서 말라가는 흙만 조금씩 붙어있다. 잘려나간 뿌리가 얼마나 아팠을까. 말 못하는 식물이라지만 사람의 손가락 발가락이 잘려나가는 아픔과 무엇이 다르겠는가. 어떤 나무는 물을 못 마셨는지 피어오르는 잎과 꽃봉오리가 시들했다. 작은 화분에 심어놓은 화초들은 또 어떤가. 시들시들 축 늘어져 있다. 홍등가에 늘어선 아가씨들처럼 보여 가슴이 저려왔다. 밤의 스트레인저를 기다리는 모습과 뭐가 다르랴. 노출된 꽃잎은 가리지도 못하고 수줍어하고 있다. 삼각팬티로 주요 부분만 겨우 가리고 젖가슴은 거의 드러내고 있는 모습 같았다. 꽃들은 애절한 눈빛으로 지나가는 손님에게 애원하고 있다. "나를 어서 데려가 주세요." 불쌍하고 애잔했다.

켜켜이 쌓인 묘목을 보고 있노라니 인간들이 좁은 철창에 애완견을 가둬놓고 있는 모습도 생각났다. 양계장에 갇혀 사는 닭들은 어떻고, 양돈장에서 사육되는 돼지는 또 어떤가. 움직이고 쉴 공간도 없는 그들은 겨우겨우 살아가고 있다. 모두가 인간의 욕심으로밖에는 설명할 방법이 없다. 말 못하는 식물과 동물을 아랑곳하지 않고 이렇게 학대하고 있다니. 말 못하는 애절한 동물의 눈빛이나 나무와 꽃들이 애절한 웃음이 무엇이 다른가. 오직 돈벌이만을 목적으로 삼는 인간이 폭군 중에 폭군이 아닌가. '어서 나를 데려다가 좋은 환경에 심어주세요. 잘 길러주세요. 행복하게 해드리겠습니다.'

나무들이 좋은 주인을 만났으면 좋겠다. 좋은 토양에 뿌리를 내리고 풍성한 과실을 맺으면 좋겠다. 꽃들도 좋은 주인을 만나 기쁨을 주고 사랑을 듬뿍 받기를 소원한다.

안쓰러운 마음을 달래며 버스시간에 맞춰 복잡한 묘목시장을 빠져나왔다.

## 행복 프레임

"해피 뉴 이어! 새해 복 많이 받으세요!"

한 해가 가고 새해가 오면 사람들끼리 덕담을 나눈다. 나는 개인적으로 예전에는 '복'을 더 많이 덕담에 올렸다. 그런데 세월이 지나고 사회의 중심에서 빗겨서니 '행복happy'이란 말이 더 친근하게 다가온다. 별 이유는 없다. 다만 복은 물질의 축복을 의미하는 것 같아서다. 행복이란 물질보다는 심리적인 요인이 많이 작용하는 것처럼 내 나름 생각해 본다.

지난해를 돌이켜보면 몸도 마음도 고달팠다. 어렵사리 착상된 글감을 놓고 한 줄도 나아가지 못하도록 달려드는 불행도 많았다. 코로나19 후유증도 만만찮았다. 발걸음을 제대로 떼지 못했는가 하면, 응급실을 밥 먹듯 들락거렸다. 하지만 가족과 친구들의 일로 더 괴로워해야 했다. 코로나19가 덮친 갑작스런 생이별이 그랬고, 예상치 못한 친구의 우환이 나의 몸과 마음을 한꺼번에 나락으로 몰아넣기도 했다. 새해가 되어도 지워지지 않는 먹먹함이었다.

"행복은 마음속에 있는 것"이란 노랫말같이 마음속에 있는 것인가. 우리는 흔히 외부 요인인 부富를 행복의 척도로 생각하며 잣대를 들이대 왔다. 가지고 있는 물질을 기준으로 행, 불행을 가늠하기 일쑤였다.

그러한 행복은 갈망하며 따라갈수록 더 멀리 달아나지 않던가. 행복한 삶이란 밖에서 쫓아가는 게 아니라 마음속에서 솟아나는 맑은 샘물 같은 것이 아닐까. 맑은 물은 걱정이 적은 물이 아닐까. 그래서 행복을 '다행'이라고 바꿔본다. 거기에 행복이 더 많지 않을까 가늠해 본다. 그러면 다행이다.

물질적 축복만을 추구하는 일은 더 불행으로 다가가는 일인지도 모르겠다. 그러면 불행을 알아야 하지 않을까. 이제껏 행복은 불행과 멀리 있는 것으로 여겼다. 그래서일까 이제까지는 불행을 피하기 위해 골몰해 왔다. 조지 베일런트는《행복의 조건》에서 황혼기에 접어들면 실은 행, 불행 둘이 짝꿍처럼 붙어 찾아올 때가 많다고 했다. 그래서 행복해지는 으뜸은 "고통에 대응하는 성숙한 방어기제"

라고 했다. 방어기제란 내면적 갈등의 불안을 감소시키기 위해서 자아가 발달시키는 기능을 말한다. 시인 잭 길버트는 이런 지혜를 시에서 "고집스러운 기쁨, 기쁨을 받아들이려는 고집"이라고 했다. 헤르만 헤세는 《삶을 견디는 기쁨》에서 삶의 기쁨을 늘리는 다섯 가지 중에 "고통을 느껴라, 그리고 일상의 사소한 기쁨을 느껴라." 했다. 이는 행복에 이르는 길이라고 하지 않았던가.

나는 어느 순간이 참 행복했던가. 힘든 역경의 터널을 지나온 때도 행복했지만, 어느 설레는 순간을 기다리는 시간이 행복의 최고점에 이르지 않나 싶다. 생텍쥐페리의 《어린왕자》에서도 "네가 오후 네 시에 온다면 나는 세 시부터 행복해질 거야."라는 구절이 있다. 기다리는 한 시간이 불행이 될지 행복이 될지는 전적으로 자신의 선택에 달려있을 것이긴 하지만…. 2022년 노벨문학상을 수상한 아니 에르노는 《단순한 열정》에서 가끔 찾아오는 외교관과 격렬한 사랑을 나누는 시간보다 준비하고 기다리는 시간이 행복의 절정이 아니었을까.

나는 수필교실이 열리는 화요일을 기다린다. 부드러운 마음을 수필로 피워 올리는 꽃이 어떤 꽃보다 예쁘기에. 내 마음을 아름다운 문학의 세계로 안내하니 이때의 행복은 어디에 견주겠는가. 상상의 나래를 무한대로 펼칠 수 있으니 이것이 최고의 행복이 아닐까.

마르쿠스 아우렐리우스는 《명상록》에서 "나에게 일어나는 모든 일을 내가 책임질 수는 없다. 그러나 내 입술의 말과 태도는 내가 결정할 수 있다."고 했다. 그러니 일어나는 일은 마음대로 하지 못하지만 생각의 결정은 마음대로 할 수 있으니 이것만으로도 행복이지 않은가.

행복은 사진 작업과 닮아있다. 흰 종이 위에 새로운 무언가를 채워 넣는 회화繪畵와 달리 사진은 '발견의 예술'에 가깝다. 이미 존재하는 무언가를 캡처해 프레임에 담는 것이다. 진정한 행복이란 이미 우리 주위에 있는 것들을 내 프레임에 담아 만드는 작업이 아닐까. 행복을 캡처해 프레임에 담으러 수필교실로 향한다.

Happy New Year!

## 호수 가는 길

일찍 아침산책을 나섰다. 뒷산이 주로 걷던 코스였는데 코로나19 발생으로 오래 걷는 게 편치 않다. 백신을 두 차례 맞은 후로는 왠지 계단이나 언덕을 오르내리기가 불편했다. 다리에 힘은 빠지고 무릎은 시큰거렸다. 마음마저 움츠러들었다. 오른발을 내디디면 무릎이 편치 않으니 힘차게 발을 내려놓기가 쉽지 않았다. 해서 조심조심 최대한 가볍게 발을 내디디며 천천히 걸었다.

호수로 가는 길은 이웃 아파트단지 정문을 마주보고 길을 건너야 한다. 1번 국도를 따라 쭉 걸으면 역말오거리를 만나고 좌측 길로 접어든다. 차도는 왕복 2차선으로 좁아지고 인도는 한쪽에만 있다. 어느 구간은 인도가 아예 없기도 하다. 러시아워에는 차량의 긴 행렬이 늘어서서 우회전 차량도 외차선에 묶여 몇 번 신호를 기다려야 하는 곳이다.

　입춘 무렵이지만 아침 기온이 영하권을 오르내리고 있었다. 차가운 바람이 등골을 파고들어 모자 장갑으로 무장을 하고 나섰다. 학교 옆 철망과 장미꽃 피는 울타리 길을 지나니 한쪽에 컨테이너가 길게 놓여 있다. 비스듬한 경사 마당은 아스팔트로 포장해 놓았다. 겉보기로 150여 평은 됨직한 대지였다. 바닥에 철근을 길 따라 박아놓고 빨간 노끈으로 영역 표시를 해 놓았다. 보도 폭을 최대한 좁게 만들어 겨우 한 사람 걸어가기도 쉽지 않았다. 그뿐인가. 추운 날씨 탓에 보도를 따라 빙판길이 차도까지 길게 펼쳐져 있는 게 아닌가. 배수시설도 없는 바닥에 물을 버렸나? 꽤 많은 물이 차도까지 흘러내리며 얼어붙었다. 할 수 없이 위험한 차도로 돌아가야만 했다. 마침 그곳을 지나던 중년 부부도 투덜거렸다. 더구나 마당 한가운데에는 커다란 누렁이 한 마리가 매어있어 행인이 지날 때마다 짖어대며 날뛰었다. 불편하기도 하고 약간은 겁도 났다. 그래서 빙판을 피해 차도로 다닐 수밖에 없었다.

　며칠 후 또 그곳을 지나는데 날이 풀리니 이제는 물바다가 되어있었다. 그들은 수십 개의 커다란 드럼통과 화분에 무슨 농작물인지 화초인지를 심어 놓았다. 한 번 못마땅하게 보고 나니 지날 때마다 자꾸만 눈엣가시처럼 들어왔다. 관할 관청에 고발할까 생각도 해보았다. 그곳을 지나고 나면 가슴 한구석에 응어리가 매달려 하루가 불편했다. 도로를 무단으로 점유했을까. 그렇다면 점용료를 내고는 있는 것인가. 내가 걷는 시간에는 통행이 빈번하지 않아 다행이지만 그래도 보도가 그렇게 위험해서야 되겠는가.

어디 그 뿐인가. 좀더 걸어가면 고가도로 밑을 지나게 되는데 거기에는 일반 쓰레기와 음식물쓰레기가 섞여 쌓여 있고, 재활용품 집하장까지 있다. 음식물 침출수가 내려와 코를 쥐고 지나야 했다. 앞서 지나온 곳에는 쓰레기 분리수거함이 아주 좁은 보도에 놓여 있다. 어떤 때는 재활용품이 넘쳐나고 박스 옆에 대형 가구를 내놓는 날이면 좁은 보도가 완전히 막혀버리기도 했다. 환경미화원이 정리하고 수거하자면 얼마나 힘이 들까. 추운 날씨에 이들의 일을 더 어렵게 하는 처사가 마음에 안 들었다. 시민들의 불편사항은 해당 관공서가 나서서 시정해 줘야 할 일이 아닐까. 관청의 손길이 잘 미치지 못하면 시민들이 적극적으로 나서서 제보라도 하고 개선해야 하지 않을까.

드럼통과 철근으로 길을 막은 부지와 옆에 연결된 철재 울타리 구간도 보도가 역시 좁다. 답답한 마음에 모 신문사에 문의해 보았더니 관할 동사무소에 제보가 들어간 모양이었다. 돌아온 답은 그 땅은 도로가 아닌 사유지란다. 아뿔싸, 오가면서 그쪽을 보며 눈을 흘겨댔었는데. 개가 짖으면 맞고함을 질러대기도 했었는데. 사유지라서 아스팔트로 차도 경계석까지 포장하고 겨우 사람 하나 지날 수 있는 좁은 폭의 길만 터놓은 것이었나. 왜 보도가 툭 끊기고 사유지가 된 것인가. 궁금증이 꼬리를 무는 대목이었다. 이면도로 골목길도 아니고 정규 노선버스가 빈번히 다니는 길의 보도가 이렇게 끊길 수도 있을까. 그렇다면 도로를 만들 때로 거슬러 가봐야 할 것이다. 보도가 필수라면 처음부터 도로부지를 확보했어야 하지 않았던가. 관할 관청에서는 이제라도 보도 확보를 해야 할 일이지 않은가.

 어렸을 적, 시골에서 농사짓는 사람들은 자기 땅일지언정 누구나 통행해야 하는 곳이라면 길로 내어주는 미덕이 있었다. 게다가 비가 내릴 때나 창수가 나는 곳에는 징검돌까지 깔아놓아 통행이 편하게 배려도 했다. 그 길을 지날 때마다 동네 사람들은 땅을 선뜻 내어주고 뭇사람들이 편하게 통행하도록 베푼 이에게 묵언의 감사를 표하며 오갔을 것이다.

 그런데 며칠 후에 다시 지나며 보니 '호수 가는 길'의 그곳에 박혔던 철근이 없어지고 비닐 끈도 거두어 놓았다. 짖어대던 개는 철망으로 가두어 놓았다. 신문사의 건의가 주인의 마음을 움직이게 했는지 모르겠다. 또 며칠이 지나고 다시 가보니 중간 중간 몇 개 남아

있던 철근마저도 다 뽑히고 드럼통도 안쪽으로 옮겨놓아 행인들이 편하게 통행할 수 있도록 넓은 길로 정리되어 있었다. 그나마 다행이라는 생각이 들었다. 그 후로는 빙판도 생기지 않았다.

그래도 도로부지가 근본적으로 해결되어야 한다는 생각이다. 나만의 불편은 아닐진대!

## 민들레

 햇살이 따스합니다. 나무는 수액을 끌어올리고 들풀들은 움을 밀어 올립니다. 민들레가 먼저 봄의 전령으로 찾아옵니다. 아내는 호미를 들고 텃밭으로 나섭니다. 흙을 들추어 비료를 뿌리고 잡초를 견제하기 위해 비닐을 덮습니다. 민들레 망초 등 잡초는 뽑히고 밟혀도 어느 틈에 또 비집고 올라오기 때문입니다. 사람살이에도 잡초 같은 삶이 있습니다.

 숙부는 전국 장터를 떠돌며 '동동구리무'나 염색물감을 파는 떠돌이 장수였습니다. 재주는 많았으나 남에게 지고는 못 사는 성격이 화근이었습니다. 더러는 져 주기도 하는 게 상술인데 그러질 못하니 숙모한테는 끼니 걱정이 끊이질 않았습니다. 하나둘 늘어나는 자식들 키우며 살아가는 삶이 팍팍하기만 했습니다.

숙부는 원래 그런 사람이 아니었습니다. 착하고 순한 양 같았는데 어떤 사건을 계기로 변한 것이었습니다. 신혼 시절, 아무리 노력해도 일제의 수탈에 형편은 나아지지 않았습니다. 한탄만 하던 어느 날, 유학길에 오른다며 홀연히 집에서 나갔습니다. 숙모는 우리 집에 찾아와 눈물부터 쏟기 시작했습니다. 그도 그럴 것이 애가 딸린 형편에 행방도 알리지 않고 떠난 남편이 야속했습니다. 삶이 막막했기 때문이었습니다. 어머니는 동서를 끌어안고 등짝을 쓸어주며 "기다려 보세. 하늘이 무심치 않을 게야. 꼭 돌아올게야, 서방님은 가족을 버릴 사람은 절대 아니야."라며 달랬습니다.

그 후로 작은 집 생계는 아버지가 책임져야 했습니다. 일제 강점기에 이래저래 착취당한 우리네 삶이 누군들 넉넉했겠습니까만. 아버지는 말없이 조카들까지 품어주었습니다. 말이 그렇지 모든 일은 어머니의 차지였습니다. 살림이 손에 익기도 전인 숙모는 어머니의 짐일 뿐이었습니다.

어느 날 초췌한 한 사내가 터벅터벅 걸어 들어왔습니다. 분명 숙부인데 떠날 때의 모습이 아니었습니다. 마르고 병약한 모습이 반은 죽어가는 환자였습니다. 청운의 꿈을 안고 떠났지만, 어떻게 된 일인지 징용군으로 끌려가 탄광에서 일하게 되었다고 했습니다. 병을 얻고서야 풀려나 고국으로 돌아온 것이었습니다. 아버지는 동생이 돌아왔다는 기쁨도 잠시 사람 구실을 할 수 있을지가 더 걱정이었습니다. 숙부가 돌아와도 여전히 아버지 몫이었습니다.

세월이 약이라 했던가. 다행히 숙부는 조금씩 나아지고 기운을 차려갔습니다. 그러나 몸은 나아졌지만, 옛날의 그가 아니었습니다. 성격이 거칠고 때로는 난폭하기도 했습니다. 끓어오르는 울분을 참지 못하고 전국을 떠돌며 시작한 것이 방물장수였습니다. 평안도를 거쳐 함경도까지 돌아다니며 몇 달에 한 번씩 이웃집 다녀가듯 왔다가 별말도 없이 떠났습니다. 살림 걱정은 물론 아이들을 살뜰히 챙기지도 않았습니다. 왔다 가면 애만 하나씩 늘었습니다.

당꼬바지에 개똥모자가 트레이드마크였던 숙부가 객지생활에 지쳤는지 어느 날부터 집으로 돌아왔습니다. 한번은 염색물감을 팔고 있었는데 여인들이 모여들었습니다. 당시는 물감을 흰 종이에 수저로 퍼 담아 접어 팔았는데 가루로 된 물감만으로는 색깔 구분이 어려우니 사람들은 손가락에 침을 발라 물감을 찍어 문질러 색을 구별하고 사갔습니다. 그런데 한 아낙이 꼭두서니 물감을 찾았습니다. 그녀는 손가락으로 몇 번이나 문질러보더니 색깔이 마음에 안 든다며 돌아섰습니다. 그 순간 숙부는 큰 소리로 그녀를 불러 세웠습니다. 재차 안 산다고 하니 화가 난 숙부는 그녀 쪽으로 물감을 확 뿌렸습니다.

 이런 날은 집으로 가지 않고 들르는 곳이 있었습니다. 풀리지 않은 화를 풀려고 했을까. 일본에서의 세월을 잊으려고 했을까. 그런 날이 잦아지더니 결국 단골 고객이 되어 그곳을 안방처럼 드나들었습니다. 처음에는 굿이나 보던 신세에서 언제부턴가 노름판에 손을 댄 것이었습니다. 처음에는 쏠쏠히 돈을 따서 오기도 했습니다. 숙모에게는 장사가 잘되었다며 의기양양해했습니다. 순진한 숙모는 그대로 믿었습니다.

 그는 집으로 들어오는 날이 점점 뜸해지더니 어느 날은 웬 낯선 사내들이 찾아와 다짜고짜 빚을 갚으라고 난리법석이었습니다. 숙모는 영문도 모르니 어찌할 방도가 없었습니다. 이 수습 또한 모두 아버지의 몫이었습니다. 따스하고 온화했던 봄날에 웬 날벼락이었을까. 숙모는 일본 순사의 말발굽에 짓이겨진 민들레 꼴이었습니다.

 엎친 데 덮친다고 탄광에서 혹사당한 탓일까. 그는 점점 수척해졌고 병원을 찾아갔을 때는 병세가 손쓸 수 없는 지경이 되고 말았습니다. 더는 이기지 못하고 당꼬바지 숙부는 민들레 피는 봄날에 홀연히 떠나갔습니다. 내가 어렸을 때의 일이지만 아직도 기억 속에 그날만은 생생합니다.

숙모는 줄줄이 딸린 자식들 공부는 고사하고 목구멍 풀칠하는 게 급선무였습니다. 몇 날 며칠을 두문불출하던 숙모마저 눕고 말았습니다. 젖먹이부터 줄줄이 육남매를 누가 돌보랴. 어머니는 동서에게 "산 사람은 살아야지. 자식들이 있잖아. 애들이 무슨 죄가 있나."라며 위로를 할 수밖에. 어머니의 손을 잡고 "형님 말씀 알겠습니다." 하고 시작한 것이 두부 장사였습니다. 밤새도록 두부를 만들어 팔아가며 아이들을 키웠습니다. 살림만 하던 사람이 문전박대 당하기 일쑤인 두부 장사를 한다는 것이 얼마나 서러운 일인지는 짐작이 가고도 남습니다.

길가에 핀 민들레를 사람들이 짓밟고 지나갑니다. 두부를 이고 집집마다 다니던 숙모인 듯 애처롭습니다. 사람들은 민들레를 문 주위에 난다고 문들레라고도 불렀다고 합니다만, 밟혀 눌리고 찢기고 문드러진다고 문들레라고 하지 않았을까 생각해 봅니다. 숙모가 그를 따라간 지도 어언 40여 년. 부부가 나란히 누워 있는 양지쪽에 하얀 민들레 씨앗이 바람에 흩날리고 있을 것입니다.

## 내 마음의 시간

송년행사가 줄을 잇는다. 계묘년 시작이 엊그제 같은데 벌써 연말이라니. 사방은 더 깊은 겨울로 빨려 들어간다. 이맘때면 한 번쯤은 지나간 시간을 돌아보게 된다. 하루하루의 삶은 달력의 숫자가 바뀐다고 해서 특별할 것도 없는 날들이다. 어제가 오늘로 이어지는 3만여 날의 삶 중 하루일 뿐이다.

10여 년 전만 해도 기대 수명은 80세 전후라고 했다. 그런데 생활환경이 좋아지고, 의학이 발달하여 100세를 바라보는 시대가 되었다. 어떤 사람들은 백세시대라고 좋아한다. 오래 사는 것이 축복임에는 틀림없다. 그런데 수명이 연장되었다는 것은 몇 년을 더 사는 것인데 마냥 좋아할 일일까. 우리는 대부분은 흘러가는 시간에 편승하여 살아간다. 인생 후반부의 삶이란 건강수명보다는 병치레가 차지하는 골골의 시간이 더 많은 부분을 차지하기도 한다. 통계에 의하면 마지막 10년은 병원 신세를 지며 살아간다고 한다. 의료비용 또한 만만찮다. 하루, 한 달, 일 년, 더 산다는 삶의 의미는 무엇일까.

나는 아침에 일어나 분주하게 또는 느슨하게 시간을 보내다 잠자리에 든다. 시간을 의미 없이 흘러 보내는 것인가. 죽음을 기다리며 시간 죽이기로 일관하며 사는 건 아닐까. 몸은 쇠약해지고 약봉지만 늘어간다. 이런 시간 속에서만 살 것인가. 내가 시간을 만들어 가며 살 수는 없는 것일까. 누구에게나 똑같은 시간이 주어져도 저마다 다른 시간을 살아가고 있은 게 우리의 삶이다.

그래서 고대 그리스인들은 시간개념을 '크로노스(chronos)와 카이로스(kairos)'로 나누었다. '물리적인 시간'을 '크로노스', 마음속으로 헤아리는 '의미의 시간'을 '카이로스'라고 하였다. 카이로스는 새로운 사건, 기회, 순간적인 경험 등으로 삶이 풍요로운 시간이다. 일상의 주기적인 시간이라도 내 마음속의 시간 속에 존재한다면 젊음이 무엇이 부러울까. 좋아하는 일을 하며 새로운 것에 도전하고 사건의 중심에 내가 있다면 얼마나 행복할까.

공자는 "조문도朝聞道면 석사夕死라도 가의可矣니라."라고 했다. 삶의 목표와 목적은 사람마다 다르다. 공자는 도를 인생의 목표로 삼았기에 "아침에 도를 깨우치면 저녁에 죽어도 좋다."고 고백한 것이다. 공자는 카이로스 무게의 가치를 이렇게 표현한 것이다. 나는 잘 익은 수필 한 편이면 석사夕死라도 가의可矣니라.

주자는 도道를 '사물의 당연한 이치'라고 했다. 모든 사람이 따르고 걸어야 하는 길이 바로 도이다. 즉, 도는 카이로스의 시간이다. 순간이 영원이 된다. 유한한 삶을 넘어 이치와 하나되는 것이다. 따라서 삶과 죽음의 경계가 없기에 아침에 듣고 저녁에 죽는다고 해도 억울하지 않다.

시인 박인환은 〈세월이 가면〉이라는 시에서 "지금 그 사람 이름은 잊었지만/ 그 눈동자 입술은/ 내 가슴에 있네"라고 노래했다. 그 사람과 함께했던, 이름마저 잊어버린 과거의 시간은 물리적 시간이요, 아직도 가슴에 남아 있는 눈동자나 입술은 영원한 시간이다.

황혼에 든 우리네는 무의미하게 산다는 건 너무나 허무한 일이 아닌가. 떠날 날이 언제일지 모르는 길지 않은 시간이기에 나만의 시간을 살아야 하지 않을까. 그러자면 건강한 몸과 마음이 동반되어야 할 것인데 무슨 일이든 방해자는 있게 마련이다.

방해자는 뻣뻣한 몸과 뇌이다. 몸이 굳으면 잘 움직이지 않게 되고 뇌는 딱딱해지고 이어서 생각은 편협해지고 고집쟁이가 되어간다. 영육이 뻣뻣해지는 것은 오감이 퇴화하고 제대로 전달되지 않아 몸의 유연성이 떨어지는 일이다. 이를 기전(機轉·일어나는 현상)이라고 하는데 우리는 이를 잘 모르고 지나친다. 최근의 연구 결과로 오감이 외부의 감각을 전달하는 것처럼 우리 몸안의 감각을 전달하는 체계가 밝혀졌다. 유연성의 이상이 몸이나 뇌를 뻣뻣하게 한다. 우리 몸의 다양한 조직이 서로 협력하여 역할을 한다. 이러한 조직들은 모두 압전자라는 감각세포를 가지고 있다. 압전자는 우리 몸의 움직임을 감지해 뇌에 신호를 보내는 것인데 뇌는 이런 신호를 가지고 근육을 조종한다. 이 압전자가 손상되면 몸이 뻣뻣해지는 증상이 나타난다. 유연함이 떨어지고 잘 넘어지고 다치게 된다. 이런 압전자가 망가지는 기전은 노화, 큰 손상이나 수술, 반복되는 작은 손상, 잘 움직이지 않는 것 등에서 기인한다. 그중 가장 영향력이 큰 기전은 노화이다. 우리는 노화를 막기 위해서는 건강한 식단, 규칙적인 운동, 올바른 자세, 꾸준한 사회활동 등을 일상화해야 한다.

특히 겨울엔 몸의 유연성을 유지하는 것이 가장 중요하다. 따라서 몸을 따뜻하게 유지해야 한다. 다음은 아침에 기상하고 손발을 털어주는 일, 가벼운 샤워를 하는 것도 좋다.

나는 매일 걷기와 맨손체조 등으로 기본운동을 한다. 그래야 수필이라도 쓰며 내 마음의 시간을 살아갈 수 있을 것이란 생각이 들기에.

## 제3부

## 숲을 걸으며

쥐다래

꽃멀미

꽃 향연

대왕참나무

배꽃 추억

튤립나무

서투른 숙수가 피나무 안반만 나무란다

여름 황금꽃 모감주나무

팥배나무

노간주나무

## 쥐다래

 새벽 산책길, 산을 넘어 호수로 향했다. 각종 약초와 나무를 기르는 곳으로 접어들었다. 엄나무, 옻나무, 포도, 다래, 머루 등 수십 종은 됨직했다. 그중에 눈에 들어온 것은 다래 열매였다. 이런 곳에서 다래를 만나다니.

 북한산을 이 잡듯 오르내리던 때가 있었다. 헤아려 본다면 수천 번은 될 것이다. 산악회 이름을 달고 자주 오르게 되었지만, 혼자 혹은 둘이 오르내린 횟수도 상당했다. 젊은 시절이었기에 겁없이 다녔었다.

 그중에 K 박사와 둘이 했던 산행은 쥐다래에 대한 추억으로 남았다.

어느 가을날, 북한산 밤골 계곡을 지나 사기막골 고개를 넘어 육모정 계곡으로 향했다. 7부 능선 일곱 고개를 넘어야 닿을 수 있는 곳. 깊은 계곡, 인적 없고 바람소리, 물소리, 새소리만 들리는 고즈넉한 곳. 도중에 더덕, 도라지, 약초도 지천이었다.

  산목련 피는 육모정계곡에 도착했다. 수정보다 맑은 물이 흐르고 목련나무는 이미 노란 옷으로 갈아입었다. 가을 정취에 취해 주위를 둘러보는데 전에는 못 보던 다래넝쿨이 언뜻 보였다. 멀리서 보고는 알 수 없는 일, 다가가 올려다보니 조그만 열매들이 옹기종기 매달려 있지 않은가. 다래와 비슷한 쥐다래 넝쿨이 아니던가. 나는 "다래다!" 소리쳤다. 친구도 달려와 따먹어보자고 했지만 높아서 쉽지 않았다. 바닥에 떨어진 몇 개를 주워 먹어보니 정말 달콤하고 부드러웠다. 어렸을 때 먹었던 그 맛이었다.

  그곳 쥐다래에 대한 아쉬움은 지금도 남아 있지만, 이제는 다시 갈 기약이 없다. 코로나 시국까지 더하여 갇혀 지내는 사이 나이는 들어가고 다리 힘은 빠져갔다. 동행하던 K 박사의 체력도 눈에 띄게 약해졌다. 지난 추석 무렵 코로나19를 앓고 회복됐지만 예전 같지 않았다.

  그는 등산이라면 타의 추종을 불허하는 건강했던 사람이었다. 산악 지리에도 밝은 내비게이터였다. 그런데 몇 백 미터도 못 가고 다리가 아프다며 걷다 서다를 반복하는 게 아닌가. 게다가 다리에 쥐가 자주 났다. 전에도 정강이에 쥐가 나서 고생한 적이 있긴 했지만, 이렇게 종아리에 쥐가 심한 적은 없었다며 맥을 못 추니 낯설게 느껴졌다. 쥐다래를 먹어서일까라는 뚱딴지같은 생각이 들기도 했다.

그는 건강검진을 받아보았다. 의사로부터 입원준비를 해서 오라는 뜻밖의 연락을 받았다. 의사는 다급한 말로 헤모글로빈 수치가 너무 낮다며 수혈을 권유했다. 수혈 후 며칠이 지나도 큰 호전이 없었다. 다시 수혈과 검사를 거듭하며 조혈造血상태를 체크했으나 나아질 기미는 없어 보였다. 다른 병원에서도 검사를 받아 보았으나 결과는 달라지지 않았다. 급성백혈병이었다. 내 가슴도 철렁 내려앉았다.

그는 틈틈이 치료과정의 소식을 전해왔다. 꽃과 산을 사랑하는 그였기에 철따라 피는 꽃과 변하는 산을 사진에 담아 자주 보내주었다. 그는 희망 섞인 투병 의지로 답을 해왔다. 식사도 제법 잘하여 체중도 늘고 면역도 좋아졌다는 말에 한시름 놓기도 했다.

그런데 잘 되어가던 소통이 어느 날부터 툭 끊겼다. 치료가 잘 되는 줄로만 알고 기다릴 수밖에 없었다. 그런데 며칠 후 모르는 번호의 전화가 울렸다. K의 부인이었다.

"조금 전 운명했습니다. 선생님께 제일 먼저 전해드립니다." 예상치 못한 비보에 폰을 떨어뜨릴 뻔했다. 목이 막혀오며 더이상 말을 이을 힘도 없었다. 갑자기 혼이 빠진 듯했다. 전화기 너머로 들려온 상주의 말에 충격을 주체하지 못했다. 애써 정신을 가다듬고 위로의 말을 전했다. 장례식장 등 현안을 얘기하고 지인들 연락 방법과 나의 범위 밖 인사들 연락 방법도 나름 얘기해줬다.

항상 재치 있는 얘기로 즐거움을 주던 사람이 영정 속에서 내려다보고 있었다. 웃는 모습이 생전에 아픈 일 없던 사람처럼 보였다. 항상 여유로웠고 긍정이 트레이드마크였던 그였는데.

그런 그가 왜 그 몹쓸 병을 앓았을까. 짐작건대, 그는 늦은 나이에 베트남의 초대형 건설프로젝트 CM(construction management 건설 총괄 관리자)으로 근무했던 적이 있었다. 공사가 원활하지 못한 현장에서 자금난까지 겹치며 어려움을 겪었다. 젊을 때와 달리 열대 기후에 견디기도 쉽지 않았을 것이다. 현장은 마무리도 못한 채 건강만 해치고 귀국했다. 그 후 위암으로 시련도 겪었지만 잘 극복했다. 그런데 이번엔 사달이 나고 말았다. 늘그막의 시련이 돌이킬 수 없는 병마의 원인이 된 건 아니었을까.

산행하며 《도덕경》의 '지자불언 언자부지知者不言 言者不知'를 얘기하며 지내던 일이 주마등처럼 스쳐 지나갔다. 자신의 신변이나 지식을 좀처럼 내세우지 않는 진중한 성격이 장점이었다. 내가 아는 현세의 어느 지식인보다 부족함이 없는 사람이었다. 적어도 내게는 그랬다. 하나님은 이런 귀한 인재를 왜 서둘러 부르셨을까. 천국에서 쓰실 일이 더 많으셨을까. 이대로 보낼 수는 없어 길을 막고 떼라도 쓰고 싶었다. 그런다고 다시 살아 돌아온다면 얼마나 좋을까마는, 어린애 같은 부질없는 짓임을 알면서도 그랬다. 보내야 했다.

"잘 가시게, K 박사! 암도, 고통도 없는 하늘나라에서 편안하게 지내시게. 천국에서 다시 만날 날을 기약합시다."

그날의 일이 어제인 듯 선명하여 산책길 다래나무를 부여잡고 한참을 서있었다. 눈물이 다래 열매같이 그렁그렁 눈가에 달렸다. 다시는 볼 수 없는 K 박사가 너무나 그립다.

## 꽃멀미

정신이 혼미합니다. 눈앞에 누가 온통 분홍 물감을 흩뿌려 놓았습니다. 온 천지가 핑크빛입니다. 관악산 줄기의 호젓한 산길에 어느새 누가 이렇게 붉게 피워 놓았을까. 분홍 꽃을 한 움큼 어루만져봅니다. 피기 전 터질 듯이 부푼 봉오리를 또 살며시 잡아봅니다. 부푼 처녀 가슴의 봉오리를 만질 때의 느낌이라는 누구의 말을 생각하며 말입니다.

눈이 닿는 곳마다 온통 분홍빛이니 실바람에 실려 오는 빛도 온통 분홍입니다. 나는 정신을 차릴 수가 없습니다. 이렇게 꽃에 취해 본 적이 있었던가. 매년 맞이하는 연례행사이건만 오늘 같은 경험이 언제 있었던가. 바다낚시를 나갔을 때 일행들은 뱃멀미로 나가 떨어졌어도 나만은 꿋꿋하게 낚싯대를 잡고 찌에서 눈도 떼지 않고 견뎌냈습니다. 높은 빌딩 건설현장에서 고소공포증조차도 느끼지 않았는데. 오늘은 꽃멀미에 취해서 이렇게 신음하고 있습니다. 분홍색에서 헤어나지 못하고 심하게 멀미를 하고 있습니다. 미쳐버리겠습니다.

진달래 / 김용택

연병헌다 시방, 부끄럽지도 않냐
다 큰 것이 살을 다 내놓고
훤헌 대낮에 낮잠을 자다니
연분홍 살빛으로 뒤척이는 저 산골짜기
어지러워라 환장허것네
저 산 아래 내가 쓰러져불것다 시방

헤어날 길이 없나이다. 누구 없소. 내 꽃멀미를 달래줄 이가 진정 없소. 김 시인도 나와 같은 처지였나 봅니다. 정신을 못 차리고 분홍에 취했다니 말입니다. 꽃봉오리를 만져보고 시詩에 녹여내지 못하고 진달래에 취해 환장할 지경입니다. 이럴 때는 가슴을 터뜨리고 뛰쳐나오고 싶었지만 그러지 못했습니다.

나도 주체하지 못하고 '산중턱에 쓰러져 불것다요 시방. 그러니 이게 다 내게 닥친 일인기라.' 왜 우리는 이럴 때 봄바람이라고 말도 못하고 살아왔을까.

어제는 호숫가로 끌려갔습니다. 서울에서 점령군처럼 몰아닥친 늙은 사내들에게 무지막지하게 호숫가로 납치 아닌 납치를 당했습니다. 끌려가자마자 흠씬 두들겨 맞았습니다. 사내들의 말 펀치에 맞고 꽃바람에 맞고 봄눈처럼 내리는 꽃비에 수없이 펀치를 맞아 실신하고 말았습니다. 흩날리던 벚꽃이 정신을 더 못 차리게 하니 열병 같은 꽃멀미로 밤잠도 설치고 말았습니다.

벚꽃 멀미가 깨기도 전에 오늘은 아침부터 진분홍 진달래가 나를 산허리에 넘어뜨리고 말았으니 일어날 기력조차 없습니다. 낚싯배에 쓰러진 사람들을 측은한 시선으로 바라봤던 내가 이번에는 보기 좋게 꽃멀미에 당하고 말았으니 분홍 펀치가 얼마나 강했는지 가히 잠작조차 힘들었습니다.

돌아오는 길에 동네 골목길 한편에 화분에 심어놓은 제법 큰 진달래를 만났습니다. 신기해서 바라보고 있노라니 물주는 노인네가 속삭이듯 도란도란 얘기합니다. "지난해 낭군님 산소에 갔다가 옮겨다 심은 건데, 죽은 줄 알았더니만 이렇게 살아서 꽃을 피워주었네요. 고맙고, 곱디곱기도 하지." 불그스름한 골목에서 만난 꽃이 자꾸만 나를 돌려세웁니다.

어린 시절, 어머니를 따라 다닐 때가 떠오릅니다. 어머니는 뒷동산 앞동산에 질펀하게 핀 진달래를 보며 "아들아, 내가 사는 동안 몇 번이나 이 꽃들을 볼 수 있을까. 순간 피었다가 져버리는 꽃은 꼭 오늘 같다. 우리는 오늘 이 생애 단 하루인지도 모르고, 금방 져버릴 줄도 모르고 아무렇게나 보내버리곤 하니까. 무럭무럭 자라서 애쓰며 피어난 자신이 얼마나 예쁜지도 모르고, 사는 거 바쁘다고 힘들다고 바닥만 보다가 하루를 지나쳐 버린다."라고 자주 하셨던 말씀이 선명하게 다가옵니다. 그때의 어머니 나이를 훌쩍 넘은 나이에 늦게나마 철이 들어가는 자신을 보고 서있습니다.

어느 소설 속의 할머니 말도 떠오릅니다. "아가, 꽃 봐라. 속상한 거는 생각도 하지 말고 너는 이쁜 거만 봐라."

정신 못 차리게 꽃멀미한 오늘이 이웁니다. 속상한 것 힘든 것 생각 말고 바깥에 핀 봄꽃 실컷 구경하며 즐기자고 모두에게 꽃멀미를 권하는 날입니다.

# 꽃 향연

푹푹 찌는 아침이다. 늦은 장마라고 예보했건만, 5, 6월에는 하루가 멀다 하고 비가 내리더니 7월은 장마 같지도 않다. 이른 새벽부터 뻐꾸기는 기상나팔처럼 노래한다. 아침도 기지개를 켜고 밝아온다.

뻐꾸기 소리 따라 뒷산에 오른다. 상큼한 새벽 공기를 마시며 걷는다. 청량한 아침 닮은 새소리가 인사를 한다. 산길 풀섶에 산나리 하나가 이슬을 머금고 고고하게 피어있다. 호랑나리다. 꽃을 보니 나의 꽃 욕심이 가슴을 뚫고 스멀스멀 올라온다. 꽃을 찾아가는 상상의 나래가 펼쳐진다. 봄에 피었던 수많은 꽃들은 다 어디로 갔을까? 여름에 자리를 내어주고 깊은 잠에 빠져들었나. 원색의 여름 꽃이 보고 싶다.

꽃을 찾아 무더위를 뒤로하고 바닷가를 향해 내달렸다. 동해바다는 시원한 아침 공기를 차창 안으로 한가득 밀어 넣어준다. 어느새 더위는 잊은 지 오래인 듯 서늘함까지 안겨주는 바다가 참 고맙기도 하다. 한참을 달려서 속초를 지나고 화진포 해수욕장도 지난다. 도착한 곳에서 보랏빛 색깔이 몽환적으로 비치며 다가오고 있다. 안개가 내려앉은 사이로 은은한 보라색이 눈을 휘둥그레 뜨게 한다.

여름의 보라색 향연이다. 들머리 길부터 보라색으로 변신하여 흥분을 고조시킨다. 보라색은 여인네들이 가장 사랑하는 색 중의 으뜸이라고 하지 않던가. 결혼 전 우리 집사람도 가장 선호하는 색이라고 해서 보라색 옷감을 손에 쥐어 준 적도 있다. 이른 아침의 산 아래 꽃밭은 안개와 어우러져 한 폭의 그림이 되었다. 선녀가 사뿐히 내려와 두레박에 보랏빛 꽃물을 가득 퍼 올릴 것만 같다. 지중해 풍의 오렌지색 지붕과 흰색으로 치장한 벽의 건물은 보라색 꽃밭과 조화를 이루고 있다. 하얀 티셔츠에 지중해 색 모자를 쓴 아이도 한 폭의 그림이다. 안개는 점점 내려와 연보라를 연출하다 보슬비가 되어 차분히 내려앉는다. 파스텔 톤의 원피스에 하얀 샌들차림의 아가씨는 보라색 우산을 펼친다. 그도 참 잘 어울리는 한 폭이다.

강원도 고성 하늬라벤더팜의 아침 풍경은 초여름을 화려하게 여는 환상적인 곳이다. 만여 평의 농장은 거의 보라색으로 덮여 있다. 라벤더의 장관이다. 라벤더는 꿀풀과의 여러해살이풀로 고향은 지중해 연안이라고 하던데, 언제 동해바닷가로 시집을 온 것인가. 긴 줄기에 여러 개의 작은 꽃이 달려있는 꽃이다. 좀 떨어져서 보면 보라색 팝콘이 매달린 듯 몽글몽글하다. 잔잔한 연보라 빛깔은 고요하기도 하고 '보라 향기'는 가슴이 뛰고 설레게 한다.

 정절, 침묵이라는 꽃말을 가진 라벤더 이름은 '씻다'라는 뜻의 라틴어에서 유래했다고 한다. 허브의 일종으로 빈혈·불면증·두통·신경통 등을 완화해 주는 효과가 탁월하다. 그래서 로마 사람들이 목욕이나 세탁을 할 때 라벤더를 물에 풀어서 쓰기를 좋아했다. 이곳 고성은 일본 홋카이도의 '팜 토미 스타'를 모델로 만들어졌다. 2007년부터 매년 6월 '라벤더 축제'를 열고 있다.

 라벤더 꽃밭을 걷노라니 사이사이에는 핏빛의 꽃이 악센트를 주고 있다. 철을 만난 양귀비가 하늘하늘 춤을 추는 것이 라벤더 오케스트라를 지휘하는 것 같기도 하다. 붉은 정열의 절정을 찾아가지 않고는 견딜 수가 없다.

 그래서 돌아오는 길에 경기도 가평군 자라섬에 있는 붉은 '남도 꽃정원'에 들렀다. 저녁까지는 고성에서 지체할 수 없어 보랏빛 매직을 뒤로하고 떠나왔지만 붉은 꽃을 보며 아쉽던 마음을 달랬다.

붉게 물감을 칠한 듯 넓은 꽃밭에는 강바람이 여린 꽃잎들을 간질이니 참지 못하고 부르르 떨며 몸을 비비꼰다. 오래전 튀르키예, 그리스 등을 여행할 때 많이 보았던 붉은빛 들판의 향연도 생생하게 되살아나 동서양 꽃들이 혼재한다.

양귀비꽃은 우미인, 우미인초라고도 한다. 이는 꽃 전설과도 관련이 있다. 초한지에서 진시황이 죽은 후 중국 천하를 두고 다퉜던 한 고조 유방과 초패왕 항우의 이야기 속에서 우미인은 항우의 애첩이었다. 유방과 마지막 결전을 앞두고 패배를 예감한 항우가 한시를 지어 절망적인 심경을 드러냈다. 그 곁에서 시를 읽던 우미인이 일어나 덩실덩실 춤을 추더니 시가 끝나자 항우의 허리춤에 있던 칼을 뽑아 자신의 목을 베어 절개를 지켰다고 한다. 그녀가 죽은 자리에 피어난 붉은 꽃이 바로 양귀비였다고 한다. 우미인초는 '약한 사랑, 덧없는 사랑, 위안'이란 꽃말을 가지고 있다.

구실도 못하는 꽃대의 부드러운 가시들을 보고 있노라면 안쓰럽다. 사랑을 지키기 위해 자신을 베어야 했던 우미인을 닮은 꽃의 안타까운 꽃말이 자꾸 머리에 남는다.

## 대왕참나무

 봄이 절정이다. 꽃들은 절정이 언제일까. 내 방식으로 해석해 보면 꽃이 봉오리에서 막 벌어지는 순간이 아닐까. 그게 어디 꽃뿐이랴. 봄의 절정을 넘어서면 색색의 꽃을 피워 달았던 나무들은 일제히 초록 일색으로 그늘을 드리운다. 잎들이 절정으로 가는 시간이다.
 아침 산책을 나서면 연초록의 반란은 꽃에 비할 바가 아니다. 꽃이 그러하듯 나뭇잎의 모양도 다양하다. 어떤 나무를 보아도 고향 친구를 만난 듯 반갑고 정겹기만 하다. 나무들이 펼쳐 보이는 초록은 팍팍한 일상에서 지친 마음을 보듬어 준다. 가지마다 수천수만의 잎을 달고 녹음을 드리운 나무를 보면 가장 믿음직스럽고 힘이

센 존재가 아닐까 생각해 본다.

　아침에 일기예보에도 없던 보슬비가 내렸다. 산책이나 하려고 도솔공원으로 향했다. 보슬비에 몸을 맡기고 여유를 부려본다. 공원 산책로 양쪽에 일렬로 큰 키 나무들이 열병식이라도 하는 듯 서있다. 나뭇잎에는 방울방울 옥구슬이 맺혀있다. 다른 나무들은 어느새 녹색으로 짙어지고 있는데 어떤 한 나무는 이제 막 피어나는 어린잎이 색깔도 모양도 유별났다. 유난히 반짝이는 연초록의 잎은 어린아이의 살결처럼 보드랍다. 활엽수 잎의 움푹움푹 파인 모양은 마치 톱니바퀴를 닮아있다.

　바람이 길바닥의 꽃잎들을 몰고 갔다. 꽃잎 사이로 누런 가랑잎이 뒷걸음질하며 바람에 밀려갔다. 낙화하는 봄날에 웬 낙엽이 날리는가? 엊그제까지 떨어질 것 같지 않던 잎들이 우수수 내려앉았다. 얼른 꽃잎 사이의 낙엽을 주워들었다. 왕王자가 그려져 있다. 어떤 연유로 가을 겨울이 다 지나고 이봄에 그것도 새잎이 나오는 지금에야 떨어진단 말인가.

　언젠가 동네를 산책하던 초겨울 날, 황갈색 단풍이 든 나무 한 그루를 신기하게 바라보았다. 상록수 이외 나무들은 앙상한데 유독 홀로 온전히 마른 잎을 달고 있었다. 하늘로 곧게 뻗은 줄기의 수피는 진회색으로 긴 홈들이 있고 단단해 보였다. 잎 사이엔 작은 가지 끝마다 새순이 수줍은 듯 숨어 있었다. 잎자루가 씨눈을 감싸고 있는 모양새다.

한참을 보고 있노라니 어머니 생각이 났다. 입을 것 먹을 것 변변치 않던 시절에 어머니의 사랑이 가슴에 젖어들었다. 우리 일곱 남매는 그런 어머니의 사랑을 그때는 몰랐었다. 우리를 보듬어준 어머니의 모성애였다.

왜 대왕참나무는 묵은 잎을 매달고 묵묵히 겨울을 견디는 걸까. 모성애가 강하기 때문이라고 했다. 새순의 추위를 막아주려고 겨우내 가랑잎으로 감싼다는 것이다. 칼바람 속에서 단단히 잎을 매달고 있는 것이 어미가 새끼를 보호하려고 안간힘을 쓰는 것처럼 보였다. 그렇게 엄동설한과 세찬 북풍을 견디고 따스한 봄볕이 내리쬐면 새순이 꿈틀거리기 시작한다. 마른 잎은 새순이 올라오면서 떨켜를 밀어내면 하나둘 어린순에서 떠난다. 우리가 어머니의 둥지를 떠나던 날의 불안한 마음이 이들에게도 있었을까.

대왕참나무는 이곳 천안으로 온 후에 알게 되었다. 우리나라에 들어온 것은 이미 90년 가까이 되었다고 한다. 그 사연 또한 각별하다.

1936년 8월 9일, 손기정 선수가 베를린올림픽에서 일장기를 달고 마라톤 우승시상대에 올랐다. 대한제국의 손 선수는 나라 잃은 설움으로 일장기를 가슴에 단 채로 월계관을 썼다. 당시 독일에서는 월계수를 구할 수 없어 대왕참나무 가지로 월계관을 대신했다. 부상副賞조차도 다름 아닌 대왕참나무 묘목이었다. 금메달 시상대에 오른 손 선수는 그 묘목 화분으로 태극기가 아닌 일장기를 가릴 수 있었다. 나라 잃은 설움이 얼마나 통한이었을까. 귀국하여 자신의 모교인 만리재 언덕 위 양정고등학교 교정에 고이 심었다.

그 나무는 무럭무럭 자라서 지금은 '서울시기념물 제5호'로 지정되어 '월계관수'로 불리고 있다. 길 떠난 손 선수의 분신인 듯, 이제는 거목이 되어 푸른 기상을 떨치며 손기정기념관 앞에 우뚝 서있다. 그렇게 우리나라에 들어온 대왕참나무는 조림수, 조경수, 가로수로 널리 보급되었다.

'번영'이란 꽃말을 가진 대왕참나무는 미국이 원산지인 참나무과 낙엽교목이다. 줄기는 진회색으로 최대 30m까지 자란다. 잎은 가장자리가 7개 홈이 깊게 파여서 마치 왕王자와 흡사하여 '대왕'이란 이름이 붙여졌다. 꽃은 암수 한 그루로 4~5월에 아래로 늘어진 꽃줄기에 황록색으로 피는데 꽃잎이 없어 거의 눈에 띄지 않는다. 열매는 우리나라 참나무 도토리보다 작고 납작하다.

아파트 현관 옆에도 대왕참나무 몇 그루가 옹기종기 서있다. 자세히 들여다보니 잎이 유난히 반짝인다. 비에 젖은 연녹색이 상큼하다. 나는 이때가 대왕참나무의 절정이라고 우겨본다.

　나무 하나를 알아가는 일이 결코 사람을 알아가는 일에 못지않다는 것을 깨달았다. 나이테를 제 몸속에 깊숙이 숨기고 해마다 새 잎을 내고 열매를 맺고 곱게 물들 줄 아는 나무의 삶이 얼마나 듬직하고 아름다운지를!

　대왕참나무를 쓰다듬으며 하늘을 올려다본다. 대왕참나무 어린잎 사이로 맑은 조각구름이 떠있다. 애지중지 우리를 길러주신 어머니와 일장기를 가슴에 달고 시상대에 올랐던 손기정 선수를 불러본다.

## 배꽃 추억

 쌀쌀한 봄 날씨다. 낮에는 더위로 등줄기가 축축하지만 저녁은 냉랭하다. 코로난지 오미크론인지 사람을 집안에 가둬놓고 보이지 않는 감시를 하고 있다. 이런 봄날은 꽃에 빠져들곤 했었는데, 꽃을 보고픈 마음은 더 굴뚝같이 커져만 갔다. 이럴 때 누군가 불러준다면 얼른 따라나서리라. 마음이 딱 맞는 사람이라면 금상첨화가 아니겠는가. 천안으로 낙향한 지 한참 시간이 흘렀지만 길눈도 어두운 데다 어디를 갈지 잘 모르니 아는 곳만 다니게 된다. 그러다보니 지역 토박이 선생님들만 따라 나서곤 한다.
 내 마음을 알아차렸는지 시간되면 바람이나 쐬자며 바람 타고 연락이 왔다. 냉큼 따라 나섰다. 그날따라 바람이 차가웠다. 따라 간

곳은 들길과 골목을 한참 지나서 성환 배밭에 닿았다. 들어가는 길이 그리스의 어느 올리브 농장을 찾아가는 것보다 어려웠다. 옛날부터 성환 하면 배로 유명하지 않던가. 그런데 성환 배밭을 턱밑에 두고 생각도 못했다. 배밭을 찾아가기는 더욱 언감생심이었다.

 간 곳은 성환의 D 목장이라고 이름이 붙어있는 카페였다. 이를 보니 초등학교 시절 성환 목장도 배운 기억이 났다. 목장인가 했는데 하얀 배나무밭 속의 카페가 아담하게 언덕 위에 자리 잡고 있었다. 배나무밭은 약간 낮은 구릉 지형으로 내려가는 경사를 바라보고 있었다. 뭉게구름처럼 하얗게 핀 꽃은 은하수 물결이 흐르는 듯 내려다보였다. 꽃들이 만개하지는 않은 듯 봉오리만 봉긋하며 있기도 했다.

 배꽃 사이에 카페라는 이름보다는 '요정의 집'이 더 어울릴 듯싶은 곳이기도 했다. 크지는 않지만 커피가 주제가 되는 옛이야기가 숨겨진 비밀 요정에 온 듯했다. 친구들과 가보았던 강화도 조양방직 공장이 넓은 카페로 변신한 곳과는 사뭇 대조적이었다. 차와 배꽃이 어우러지니 꽃향기는 더 짙어지고, 꽃은 환해지며 친근하게 다가왔다. 찻잔을 들고 돌아보아도 좋고 날씨가 훼방만 놓지 않는다면 꽃향기를 맡으며 야외 테이블에 앉아도 좋을 듯했다.

 꽃을 보고 있는데 무언가 허전하다. 한창 바빠야 할 꿀벌의 소리가 들리지 않는다. 해는 기울고 날씨가 꽤 쌀쌀해져서일까. 바람까지 거센 오후라서일까. 〈농민신문〉에 따르면 서양에서부터 우리나라에 이르기까지 꿀벌 개체수가 눈에 띄게 줄어서 과일농사가 흉작이라더니 사실인가 보다. 농부가 아닌 나도 걱정이 앞선다. 해서, 농부들은 열매가 잘 맺도록 화접을 하고 있다는 소식까지 들렸다. 농민들의 속이 말이 아닐 듯싶다. 생태계가 살아나는 정책을 늦기 전에 펴야 하지 않을까.

배꽃과의 추억은 오래전부터의 일이었다. 태릉에 배나무골이란 지역이 있는데 친구들과 여러 번 간 적이 있었다. 꽃을 감상하러 간다기보다는 야외 회식으로 간 것이었다. 그곳에는 배꽃 향보다 이곳저곳에서 풍기는 고기 냄새가 더 코를 자극했다. 그때의 고기 맛이란 참 묘했다. 꽃향기와 고기 냄새가 어우러져 꽃의 순수함은 깨지고 흥이 앞서는 형세가 되어버렸다. 반주로 소주도 곁들였는데. 꽃에 취한지 술에 취한지 모르지만 석양에 비친 배꽃이 붉은 노을에 젖어들어 황홀해 보였던 기억이다. 그곳은 가을에 배가 익을 때도 자주 드나들었다. 그곳의 배는 즙이 많고 맛이 일품이었다.

다음으로 만난 것은 그로부터 20여 년이 지나 평택에서 만난 드넓은 하얀 들판이었다. 이곳 또한 나를 황홀경으로 몰아넣었다. 삶의 전성기인 중년의 시간에 마주한 이화는 순백함이 짙게 다가왔다. 꽃말이 '온화한 애정'이라고 했듯이 배나무밭에 들어서면 하얀 온화함이 나를 감싸 안았다.

  그러나 그곳 역시 하얗게 펼쳐진 과수원 중간 중간에 어울리지 않게 고깃집들이 늘면서 식당가로 변질된 때였다. 그때도 식사나 회식으로 자주 갔던 터라 꽃의 정취를 느낄 여유는 별로 없던 시절이었다. 돌이켜보면 꽃보다는 일이 우선이었던 시기라서 배꽃의 아름다움은 만끽하지 못했다. 일에서 물러선 후에야 보이는 아쉬움이다.

  배꽃[李花] 하면 학교에서 배웠던 고려 후기 문신 이조년의 시조가 떠오른다.

    이화에 월백하고 은한이 삼경인 제
    일지춘심을 자규야 알랴마는
    다정도 병인 양하여 잠 못 들어 하노라

  봄에 바라보는 수많은 꽃들 중에 가장 품위 있는 꽃을 사람들은 매화라고 한다. 하지만 나는 개인적으로 배꽃을 더 사랑한다. 이조년의 시조를 보더라도 은하수 흐르는 삼경에 고고히 내리는 월광을 받아 환한 얼굴을 무수히 드러내는 배꽃이 얼마나 아름다운가. 그 다음 절들은 보지 않으련다. 배꽃의 아름다움만 보련다. '은한이 삼경인 제, 이화에 월백하고!'

# 튤립나무

천호지로 향한다. 호수로 이어지는 길은 아름드리 플라타너스가 길게 늘어서 있다. 시원한 그늘은 바람 길도 열어준다. 플라타너스 길을 지나니 또 다른 그늘 터널을 만난다.

며칠 전 이곳 그늘구간을 지나며 높은 나무 위를 올려다보았다. 코로나19로 수년 동안 보지 못했던 꽃을 어렵사리 만났다. 반가운 어느 시인을 만난 듯 기뻤다. 쉽게 만나지 못하는 꽃이기에 더 반갑지 않을 수 없다. 튤립을 닮은 꽃!

오늘 다시 그늘 구간을 지났다. 청량한 바람이 변함없이 나를 맞아주었다. 지금은 그 꽃이 어떻게 변했을까 궁금증이 발걸음을 재촉했다. 아름다운 꽃은 지고 앙증맞은 길쭉한 열매가 달려있다. 어제 우리나라 누리위성 3호가 발사되었는데, 발사대에 세워진 발사체 모습과 꼭 닮았다.

내가 좋아하는 나무의 그늘이기에 더 시원했다. 이 나무의 꽃과 열매를 언제부턴가 좋아하게 되었다. 꽃이 예뻐서다. 수십 년은 되었을 것이다. 수없이 오르내리던 북한산의 '새마을교' 다리 옆에서 만났던 그 나무이다.

다리를 건너기 전 우측에는 북한동역사관이 있고, 다리를 건너서 좌측 길을 따라가면 백운대 오르는 길로 접어들게 된다. 건너편에는 '보리사'란 조그만 암자가 있다. 광장이 있고 데크와 긴 벤치가 놓여있다. 열심히 걸어온 산객들의 휴식공간이 되어주었다. 광장 중앙에는 백 년은 넘었을 큰 나무 한 그루가 수호신처럼 서있다. 높이가 어림잡아 30미터는 될 것이다. 산객들의 땀도 식혀주고 마음의 더위도 달래주던 튤립나무였다. 아직도 풍성하게 꽃을 피우고 있을까.

우리 일행도 북한산을 오르내리며 그 나무 아래서 많은 추억을 쌓았다. 간식으로 허기도 달랬고 시원한 막걸리 한 잔으로 마음의 갈증도 달랬다. 주고받은 대화에서 정이 자라고 식견도 넓어져 갔다. 이제는 그 나무를 생각하면 가슴부터 아려온다. 산을 오래 동행했던 친구 한 분과 이곳에서 많은 시간을 보냈던 기억이 바로 어제의 일처럼 눈에 선하다.

 열사의 불볕에서 동고동락했던 친구였다. 더군다나 우리는 중동의 캠프에서 룸메이트이기도 했다. 그는 설계를 담당했고, 나는 예산과 기획을 관장하는 업무를 맡아 낮에는 각자의 일로 바빴지만 밤에는 형제같이 다정하게 지냈다. 밤에 배가 출출해지면 고국에서 공수해온 라면을 끓여 먹기도 하고, 주방장에게 부탁하여 육회 한 접시에 양주를 한 잔씩 기울이기도 했었다.

 그렇게 지냈던 친구는 수년 전 머리에 어지럼증이 오더니 통증으로 이어졌고 급기야는 머리 수술을 받기에 이르렀다. 수술 경과는 좋았다고 했다. 그래서 본인은 안심했고 나도 그렇게 믿었다. 방심한 탓일까. 1년이 지나며 다시 몸의 균형을 잃기까지 하더니 상태가 악화되어 갔다. 균형이 잡히지 않으니 걷기가 자유롭지 못한 건 당연했다. 어느 날 잘 걷지 못하고 불안정한 몸은 지나가던 차에 교통사고를 당했다. 그렇게 이어진 병마는 그를 침대에 뉘이고 일어날 기회조차 주지 않았다. 나는 자주 찾아가 그를 일으켜 세우고 싶었다. 내 맘대로 할 수 있는 일이면 참 좋으련만 모든 건 신의 뜻임을 알아차렸을 때는 그의 회생은 점점 어려워 갔다.

 노란 튤립나무 잎도 한 잎 두 잎 떨어지고 있었다. 손바닥보다 넓은 목튤립 이파리가 바람에 휘날리던 가을날, 그는 홀연히 우리 곁을 떠나갔다. 벌써 5년여가 지났다. 우리는 튤립나무 아래에서 산행을 하며 쉬었던 것이 마지막이 될 줄을 짐작이나 했겠는가. 그날은 추적추적 가을을 재촉하는 비까지 내리고 있었다.

그런 튤립 꽃은 관심을 기울여서 보지 않으면 나무가 높아서 잘 보이지 않는다. 꽃의 색이 녹색으로 잎과 닮아 있고, 하늘을 향해 있으니 더욱 안 보일 수밖에. 어디에서 만나도 큰키나무라서 고개를 한껏 뒤로 젖혀도 잘 보이지 않는다. 사람들의 눈을 피하기 위함인가.

꽃말이 '전원의 행복' '사랑의 고백'인 튤립나무는 목련과의 낙엽교목으로 '목백합'이라고도 부른다. 미국에서는 포플러나무처럼 속성으로 자라기 때문에 'yellow popular'라고 부른다. 속성으로 자라다보니 최고 60미터까지 자란다. 꽃이 튤립과 비슷하게 생겼기에 튤립나무라 부르긴 하지만 튤립이 나지는 않는다. 참 신기하게도 열매가 익어 벌어지고 씨를 쏟아내는데 주머니의 벌어진 모양도 꽃모양과 닮았다.

이렇게 아름다운 꽃을 피우는 백합나무에는 대한 애잔한 전설이 내려온다.

'먼 옛날 용모와 덕을 갖춘 왕자가 있었다. 그는 몰래 이웃나라의 공주를 사랑했는데 나라에 큰 전쟁이 일어났다. 하필 공주의 나라와의 전쟁이었다. 왕자는 왕을 대신하여 전쟁에 나가 싸우다 장렬하게 전사했다. 왕자는 금관을 공주에게 전해달라고 유언을 남겼다. 공주는 지조를 지키며 왕자를 사모하는 마음으로 왕관을 간직하고 평생을 살았다. 공주가 죽고 난 후에 무덤에 왕관을 함께 묻어주었다. 무덤에서 멋스러운 나무 한 그루가 자라났다. 나무는 꽃을 피우지 않다가 그들이 처음 만났던 나이인 18세와 같은 18년이 지나서 왕관 모양의 꽃을 피웠다.

나에게도 전설 같은 친구의 그리움이 지워지지 않는다. 호숫가 튤립나무에 기대서서 친구를 그리며 하늘을 올려다본다.

# 서투른 숙수가 피나무 안반만 나무란다

영인산에 갔다. 해가 서산으로 기우는 시간, 친구와 동행하며 천천히 여유를 부리며 산책을 했다. 이곳은 철따라 아름다운 꽃들이 다투어 피어나는 곳이었다. 그런데 6월 하순의 영인산은 녹음만 성성했다.

한참을 걷노라니 윙윙 벌들의 소리가 멀리서 들려왔다. 처음에는 어디서 들려오는 함성인가 의아했다. 마치 건너편 아우내장터의 만세소리 같기도 했다. 꽃은 보이지 않으니 의심은 엉뚱한 곳에 닿았다. 모퉁이를 돌아서니 환한 꽃을 피운 커다란 나무가 우뚝 서있다. 반가운 마음에 얼른 다가가보니 피나무였다. 꽃에서 달콤한 꿀향기를 피워내고 있었다. 나는 나무들을 좋아하는데 피나무도 그

중의 하나다. 피나무를 보니 불현듯 까맣게 잊고 있던 개다리소반이 떠올랐다.

딸이 피나무로 만든 소반이다. 내 생일선물로 준 것인데 색채가 은은한 무늬에 촉감도 부드럽다. 20년도 더 지났지만 아직도 보물 1호로 소중하게 간직하고 있는 피나무 12각형의 상이다. 피나무는 '피나무상이 아니면 행자상杏子床'이라고 할 만큼 가구 재료로 널리 쓰인다. 게다가 피나무는 최상품 안반의 재료로도 손꼽는다.

안반은 커다란 도마이다. 요즘은 중국집에서 반죽을 치대서 면발을 늘일 때 쓰지만 예전엔 큰 도마나 떡판으로 많이 쓰였다. 안반은 느티나무로 만든 것을 최상이라고 하지만 피나무 안반 역시 나이테가 조밀하고 터지는 일이 없어 느티나무에 뒤지지 않는다.

"명필은 붓을 탓하지 않는다." 무슨 일이든 잘하는 사람은 어떤 조건에서도 제 할 바를 제대로 해낸다는 속담이다. 그렇다면 능력이 부족한 사람이 자기 탓은 하지 않고 도구나 남 탓만 하는 경우엔 뭐라고 할까. "서투른 숙수가 피나무 안반만 나무란다."

요리를 제대로 못하는 숙수熟手가 최상의 피나무 안반을 쓰면서도 안반이 별로라서 일이 더디다고 탓한다. 실력이 꾸준하지 못하고 기복이 심한 주방장은 짜증만 낸다. "칼이 왜 이 모양이야." 라며. 그러면 옆에서 조수는 속으로 생각하죠. '칼이 어때서, 당신이 그 모양이지.' 숙수는 큰 잔치에서 음식을 만드는 사람을 이르는데 지금으로 치면 큰 음식점 요리사다. 세상에는 서투른 숙수가 많다. 그런 반면에 피나무 같은 정직하고 묵묵한 숙수도 많다. 영인산에 동행한 친구는 남 탓을 모르는 사람이다. 쓰임도 다양해 남들이 부러워하는 버릴 게 없는 피나무 닮은 숙수 같은 사람이다.

동행한 친구를 닮은 피皮나무는 안반으로만 쓰이는 게 아니라 무엇 하나 버릴 게 없는 귀한 나무이다. 특히 껍질이 '나무 이름'이 될 만큼 껍질의 쓰임새는 더 다양하다. 껍질은 섬유질이 강인하고 삼베보다 더 질기며 물에도 잘 견디므로 예전에는 생활에 크게 기여했다. 나무껍질로 기와 대신 지붕을 잇기도 하고 껍질의 내피 섬유로는 천을 짜서 술이나 간장을 걸러내는 자루를 만들었으며, 알곡 등을 담는 포대로도 썼다. 노끈, 새끼, 로프, 어망을 만들어 썼다.

옛날에는 아름드리 피나무가 우리나라 전역에 분포했으나 일제강점기에 수탈당하고, 한국전쟁을 거치면서 쓸모가 많다 보니 마구잡이로 베어지는 수난을 당했다. 그래서 우람한 사이즈의 피나무는 만나기 어렵다.

피나무 목재의 특성은 연한 황색으로 가벼우면서도 결이 치밀하고 무른 성질이며 곧게 자라서 예로부터 다양한 가구재로 쓰였다. 조선시대 대표적인 쓰임새는 궤짝이었다. 《조선왕조실록》을 보관

하는 궤짝도 대부분 피나무로 만들었다. 피나무는 목불상, 불경을 얹어두는 상과 밥상, 교자상, 두레상을 만들었다. 사대문의 현판재로도 사용되어 목조 문화재의 꽃을 피웠다.

게다가 피나무 꽃은 밀원蜜源으로 더 유명하다. 5월은 아까시, 6월은 밤꽃, 7월은 피나무가 대표적인 밀원이다. 꽃자루에 달린 포는 독특한 생김새와 향을 지니고 있어 나무 옆을 스치기만 해도 꿀 냄새가 진동한다. 이 냄새의 유혹에 넘어가 꿀벌들이 모여들 수밖에 없다. 그래서 서양에서는 비트리(Bee Tree)라고 부른다. 고등학교 후배들이 충북 영동에서 친환경 양봉사업으로 그곳에 밀원용 피나무 숲 10만 평을 조성했다고 한다. 참 고무적인 일이다.

목재뿐 아니라 꽃이 아름다워 가로수나 공원수로도 많이 심는다. 영인산 공원에도 공원수로 자리하여 마침 꽃이 핀 날에 만난 건 행운이었다. 봄에 배나무에는 벌들이 귀했는데 피나무에서 윙윙거리는 벌들이 얼마나 보기 좋던지! 동지섣달 꽃 본 듯이 반가웠다. 근년에 벌들이 급감하여 생태계가 무너질까 많은 걱정을 하는 터이기에 더 반가웠다.

벌꿀과 공생하는 피나무보다 더 버릴 게 없는 친구는 소외받은 계층 사람들을 돌보며 오늘도 어딘가에서 땀을 흘리고 있을 것이다. 그는 절대로 안반을 탓하지 않는다.

## 여름 황금꽃 모감주나무

　비 그친 아침은 시원하다. 폭염에 시달린 가로수는 물세례를 제대로 받았나 보다. 너울너울 춤을 춘다. 파란 하늘 아래 초록의 가로수가 밤새도록 컴퓨터와 씨름하던 눈을 시원하게 해준다. 걷노라니 길가 울타리의 진초록 중간에 노란 꽃무더기가 보였다. 아니, 나무 위에 황금덩어리를 올려놓은 듯 환하다. 얼른 달려가 고개를 들고 올려다보니 벌들이 이 꽃 저 꽃 분주하게 오가고 있다. 아, 모감주나무를 집 근처 길가에서 만나다니! 수없이 오가던 길에서 이제야 모감주나무를 알아차렸다니. 내가 너무 무심했구나.
　그다지 꽃이 많지 않은 6, 7월은 꽃을 보는 게 봄가을 같지 않다. 여름은 초록의 싱싱함이 꽃을 대신한다 해도 꽃이 없는 녹음은 어딘지 허전하기만 하다.

요즘 우리 강산에 자생하는 여름 꽃나무들을 가로수, 조경수로 심는 곳이 있긴 하다. 산과 들에 피는 여름 꽃을 만나보러 다닌 적이 있었다. 대표적인 여름 꽃으로 무궁화, 모감주나무, 배롱나무, 수국, 낭아초, 능소화 등이 있다. 부여 궁남지 연꽃도 장관이었다.

큰키나무 가운데 여름에 노란 꽃을 피우는 나무는 많지 않다. 개나리, 영춘화, 산수유, 생강나무, 풍년화 등 노란 봄꽃이 많은 것과 사뭇 대조적이다. 그래서 여름에 피어나는 모감주나무의 노란 꽃은 특별할 수밖에 없다. 봄에 피는 어떤 나무보다 화려하게 황금물결을 이루는 여름 꽃이 반갑다. 빗방울 같은 꽃잎이 땅에 떨어지는 걸 멀리서 보는 것은 화려하다. 빗물이 떨어지듯 황금물방울이 바닥에 튀는 모양은 장관이다. 그래서 영어로는 '골든 레인 트리(Golden rain tree)'라고 이름 부른다. 모감주에 대한 재미있는 일화도 있다.

옛날 중국에서 한 스님이 제자와 산속을 걷고 있었다. 뒤에서 따라오던 제자가 힘들다고 투덜대도 스님은 말없이 계속 걸어갔다. 제자가 참지 못하고 큰 나무 밑에 주저앉고 말았다. 스님과 나란히 앉아 쉬고 있는데 나무에는 참외 모양의 열매가 주렁주렁 달려 있었다. 제자가 그 열매를 먹고 싶다며 따려는데 스님이 큰 소리로 "도둑이야!" 하고 외쳤다는 일화다. 그 나무가 바로 모감주나무였다. 먹지 못하는 열매였기에 스님은 그렇게 했을 것 같다.

　모감주나무는 이름 또한 묘하다. 왠지 한자 이름일 것 같은데 해당된 한자가 없다. 이 나무의 원래 이름은 '묘감주', 혹은 '묘각주'였다. 옛 큰스님 중에 '묘각'이란 법식이 높은 분이 있었다. 제자들이 묘각에게 최상의 선물을 올리고 싶어했다. 선물 중에 최상품으로 여겨진 것이 바로 모감주나무의 단단한 열매인 금강자로 만든 염주였다.

　모감주나무는 꽃보다 열매가 더 탐스럽기까지 하다. 열매는 꽃이 진 자리에 꽈리 모양으로 주렁주렁 달린다. 처음에는 연초록빛으로 맺혔다가 시간이 지나며 노란 빛이 도는 갈색으로 변한다. 껍질 안벽에 검고 단단한 열매가 세 개씩 붙어있다. 검은색 씨를 '금강자'라고 하는데, 금강석같이 단단하고 변치 않는 특성을 지녀서 불가에서는 도를 깨우치고 모든 번뇌를 떨칠 수 있는 경지를 뜻한다고 한다.

　꽃말이 '자유로운 마음'인 모감주나무는 우리나라에도 여러 곳에 분포되어 자생한다. 태안군 안면도, 포항 남구 발산리, 완도 대문리 등지에서는 천연기념물로 지정하여 보호하고 있다. 울산에는 모감주나무가 태화루, 태화강과 어울려 장관을 이루기도 한다.

　모감주나무는 우리나라, 중국이 원산지인 무환자나무과 활엽교

목으로 높이는 17m 가량 자란다. 잎은 마주나며 우상복엽으로 길이는 30cm 정도이며 작은 잎은 10여 개가 달리고 반드시 홀수이다. 잎은 엽맥을 따라 털이 있고 불규칙하고 둔한 톱니 모양이다.

열매는 삭과로서 생긴 모양이 꽈리와 비슷하다. 크기는 5cm 정도로 3개로 갈라지는 특징이 있고 3개의 금강자가 들어 있다. 꽃은 피나무 다음으로 꿀이 많은 밀원이기도 하다.

모감주나무는 희귀종이지만 가로수나 조경수로 심는 곳도 있다. 특히 절에서는 조경수로 주로 심었는데 피나무 열매와 같이 염주를 만들기 때문이다.

한방에서는 이 나무를 간염, 요도염, 소화불량, 장염, 이질 등 치료제로 사용한다. 모감주나무를 만날 때면 장인님을 생각하게 된다. 내가 결혼하기 훨씬 전의 일이었다. 아내가 학생시절 장인께서는 간경화로 오랫동안 고생을 하셨다. 장모님은 갖가지 민간요법으로 좋다는 약을 찾아 대령했다고 했다. 그러던 중 모감주나무가 효험이 있다는 소식에 줄기를 달여서 상시 복용하셨다고 했다. 모감주의 효능인지는 알 수 없으나 그 후 30년은 건강하게 사셨다. 나는 모감주나무가 장인님 건강을 지켜주었다고 굳게 믿고 있다.

## 팥배나무

불그레하다. 아파트에서 바라본 태조산은 가을로 향하고 있다. 수필수업에 가는 날, 시간 여유를 두고 다른 길로 빙 돌아서 걸어갔다. 시외버스터미널 옆 정원의 나무도 먼 산의 가을 색을 닮아가고 있다. 새들은 붉은 열매 사이를 푸드덕거리며 날아다녔다. 그들도 가을 색에 설레는 것일까. 가을에 접어든 사람처럼 세월을 잡고 싶은가.

붉은 열매는 북한산을 오르던 어느 겨울날의 풍경을 끌어온다. 온 산하는 눈으로 덮였다. 우리 일행은 중성문을 지나 태고사를 향하고 있었다. 몰려드는 추위를 달래기 위해 노적사 입구의 정자에 잠깐 머물렀다. 등산객들이 쉬는 곳에는 음식물 부스러기가 많이 떨어지기 마련이었다. 이때다 싶어 굶주린 새들이 사람보다 더 많이 모여들었다.

  사람이나 새나 눈 덮인 산에서 겨울나기가 힘든 건 마찬가지였다. 흰 눈이 온 산을 덮으면 새들은 먹이 구하기가 어렵다. 먹이가 있는 곳을 잘도 찾아오고, 바닥에 떨어진 음식 부스러기를 잘 찾아먹는다. 과자를 손바닥에 올려놓고 팔을 뻗으면 새들은 근처 나무에서 눈치를 보다가 한 놈이 날쌔게 쪼아서 달아난다. 눈치가 구단인 새들이 너나없이 날아와 마음놓고 물어갔다. 그들은 혹시 잡힐지 모르는 무서움보다 배고픔을 더 참을 수 없었나 보다.

  새들은 흰 눈으로 뒤덮인 야생 겨울나기란 생명을 연명하는 일만큼이나 힘겨운 싸움일 것이었다. 우리네의 어린 시절도 너나 할 것 없이 굶지 않고 살아나기란 쉽지 않은 일이었다. 봄이면 초근목피로 허기를 달랬다. 배고프면 찔레 순이나 참꽃을 따먹었고 삐비를 뽑아 잘근잘근 씹어 먹었는가 하면 '그령'을 뽑아 밑줄기를 씹어 달콤한 물을 빨아 먹었다. 그것들이 허기를 달래는 주었을지언정 채워주지는 못했다.

  가을걷이가 끝나고 첫눈이 내리면 농사체가 넉넉지 않은 집들은 긴 겨울나기가 고난의 시작이었다. 우리 집은 식량을 걱정해야 할 처지는 아니었다. 농한기의 겨울은 게으른 계절이었지만 배고픈 이들에게는 혹독한 긴 시련의 시간이었다. 조정래의 《태백산맥》에서 빨치산들이 지리산 피아골 골짜기에서 겪었던 혹독한 겨울과 다를 바 없었을 것이다. 고구마 하나가 점심이었을 테고 아침에 긁어둔 누룽지 끓인 멀건 물이 저녁이었을 터이다.

 어머니는 그런 이웃들을 외면하시지 않았다. 대문 밖에 서성이는 아이를 불러들여 미안하지 않게 내 옆에 앉히고 뚝딱 밥 한 그릇을 먹여 보냈다. 나는 옆에 앉아 밥을 먹는 아이가 못마땅하여 곁눈질을 보냈다. 어머니는 "그러면 못써." 하며 나를 혼내셨다. 또 음식은 늘 넉넉하게 장만해 이웃들에 나누어주는 게 어머니의 겨울이기도 했다. 새들 또한 혹독한 겨울나기의 시련이 오죽했으면 목숨을 던지는 모험까지 하며 산객들의 손바닥 위의 먹거리를 탐했을까.

 먹이가 궁한 겨울새들에게 먹을 수 있는 열매가 있으면 그 나무로 옹기종기 몰려든다. 그들의 배고픔을 달래주는 것 중의 하나가 바로 팥배나무 열매였다. 하늘을 향해 뻗은 가지마다 온통 붉은색 열매가 열려있다.

 팥배나무는 서울 근교의 남산, 안산, 북한산 등이나 천안의 어디에서도 쉽게 볼 수 있다. 천안시외버스터미널 옆을 지날 때 본 열매가 나를 이 글에 끌고 들어왔다. 내가 가본 곳 중에서 서울 은평구와 고양시 경계에 '봉산'이 있는데 팥배나무 군락지로 아주 유명하다. 등산코스도 좋아 몇 번 갔던 적이 있다.

팥배나무 열매는 팥을, 꽃은 배꽃을 닮았다고 하여 붙여진 이름이다. 5월에 꽃이 피고, 꽃잎은 새하얀 배꽃을 닮았다. 꿀도 많아 벌, 나비들이 북새통을 이루는 밀원蜜源으로도 훌륭하다. 달걀 모양의 잎에는 규칙적인 물결 무늬가 있고 10여 장의 잎맥이 뚜렷하다. 꽃과 잎으로도 구분하기 쉽다. 새하얀 꽃이 필 때도 예쁘지만, 열매가 익은 늦가을의 팥배나무는 파란 하늘을 배경으로 빨간 열매가 한층 아름답다. 이런 열매가 겨울새들에게 요긴한 양식이라니. 껍질을 벗겨보면 약간 노란 과즙이 나오고, 시큼하며 달콤한 맛도 난다. 새들은 겨울의 식량인 팥배를 맛이 좋아서 먹을까, 죽지 않으려고 어쩔 수 없어 먹을까 궁금하기도 하다.

팥배나무는 〈용비어천가〉에 "곳 됴코 여름 하나니(꽃 좋고 열매 많나니)'에 딱 어울리는 나무다. 꽃과 열매가 좋으니 이 나무가 있으면 덤으로 벌과 새가 모여드는 걸 즐길 수 있으니 더 좋다. 그런 연유로 정원수나 가로수로도 많이 심는다. 메마른 땅에도 잘 자라고 햇볕이나 추위를 탓하지도 않는다. 10미터가 넘는 나무는 늘씬하고 기품도 있다.

이웃들을 먼저 생각하신 어머께 그때를 물어보고 싶지만, 이제는 만날 수 없다. 새들이 들락거리는 터미널 정원의 팥배나무를 지나며 천국을 향해 말해 본다. "엄마는 참 훌륭했습니다."

## 노간주나무

아침마다 뒷산을 걷는다. 그런데 어느 날 아침 산책길에 깜짝 놀랐다. 오른쪽 능선의 울창하던 나무들이 사라지고 벌거숭이가 되어 있었다. 능선 옆으로 키 큰 나무들이 듬성듬성 남아 있을 뿐이었다. 의아해서 지나는 산객에게 물었더니 잘은 모르지만 다른 수종으로 교체하려는 것 같다는 말만 남기고 가버렸다. 허무한 마음으로 휑한 산을 바라보다가 곧게 솟은 진녹색의 가시나무 한 그루가 용케 살아남아 늠름하게 서 있는 걸 발견했다.

노간주나무였다. 우리나라 산의 어디에서나 볼 수 있는 수종이지만 내가 즐겨 찾던 관악산에 유독 많이 자생하는 나무이기도 했다. 자꾸 눈길이 갔다. 어떻게 저렇게 곧게 자랄 수 있을까. 곧게 서 있는 폼이 고고해 보이기까지 했다. 온몸은 가시 잎으로 중무장을 하고 있지만, 어느 위치에서든 우듬지는 하늘을 향해 수직으로 올라간다. 어느 누가 하늘에서 추를 내려 이 나무의 중심에 심어놓은 것일까. 나뭇가지가 많거나 적거나 곧기로는 한결같다. 어째서 비탈에 서조차 이토록 곧을 수가 있을까.

  노간주나무는 크지 않아서 주목을 받지도 못한다. 수많은 나무 중에 주목을 받지 못하는 나무가 어디 노간주나무뿐이겠느냐마는 특히 가시나무라서 천덕꾸러기 취급을 받는다. 나도 가시 많은 나무는 가까이하기가 싫다. 우리네 인간사회에도 노간주나무처럼 주목을 받지 못하는 경우가 있다. 사람마다 장점과 특기가 있음에도 겉모습만 보고 판단하기 일쑤이다. 그러나 진가를 몰라서 그런 경우가 대부분이 아닐까 생각해 본다.

  알고 보면 노간주나무만큼 귀히 쓰이는 나무도 많지 않다. 언젠가 산행 중에 커다란 들개 몇 마리와 마주한 적이 있다. 금방 달려들 듯 맹렬하게 짖어대어 위협을 느꼈다. 이때 번쩍 떠오른 생각이 몽둥이였다. 마침 친구는 긴 노간주나무 지팡이를 들고 있었다. 곧고 단단한 게 호신용으로 안성맞춤이었다. 허공에 휘두른 노간주 막대기 덕에 개들이 삼십육계 줄행랑을 쳤다. 지팡이로는 노간주나무만 한 게 없다.

이 나무의 쓰임을 알아보니 한두 가지가 아니었다. 올곧은 노간주나무는 측백나무과 향나무속에 속하는 사철 푸른 바늘잎나무다. 노가지나무, 노가주나무, 두송목, 두송자 등으로 불리기도 한다. 꽃은 액생腋生에서 나고 암수딴그루이다. 수꽃은 난형이고 암꽃은 둥글고 녹색이다. 열매는 둥글고 자갈색이다. 나무 모양이 수직으로 자라니 아름답고 보기 좋아 정원이나 공원에도 심고 경계의 울타리로도 심는다. 메마른 땅에 심어 땅을 걸게도 한다.

노간주나무는 곧기도 하지만 유연하기도 하여 소의 코뚜레를 만드는 데 제격이다. 소를 길들이는 데 제일이라고 했다. 단단하기도 하여 논을 평탄하게 고르는 써레의 이빨로도 많이 사용했다. 또 삽으로는 흙을 파서 옮기는 게 벅찰 때는 여러 명이 협업으로 쓰는 큰 가래를 사용하는데, 굵은 노간주나무로 가랫자루를 만들었다.

열매는 기름을 짜서 약용으로 사용했다. 열매를 두송실杜松實이라고 하는데 잘 익은 두송실을 따서 가을 햇빛에 말려 기름을 짜면 두송유가 되었다. 《중약대사전》에 의하면 거풍제습이나 이뇨에 좋다고 알려져 있다.

네덜란드, 영국, 미국 등 서양에서는 진(gin, jin)을 만들어 마시는 유명한 원료이기도 했다. 드라이진은 17세기 네덜란드 라이덴대학에서 처음 개발했다고 알려졌다. 이때 이뇨, 건위, 감기에 효과가 있는 두송실을 주정과 함께 증류하여 약용으로 개발했지만, 약보다 술로 더 널리 보급되었다. 드라이진은 처음에는 약으로 만들어 사용했지만 북유럽에서는 약주藥酒라고 불렸다. 네덜란드 윌리암 3세가 영국 왕이 되었을 때에 영국에도 보급되었다. 런던 타입의 진으로 만들어졌고 다시 미국으로 건너가 칵테일의 왕자가 되었다.

친구와 함께 지난가을 두송실을 따서 보드카에 넣어 진(jin)을 담았다. 두송실 약주를 맛보며 나의 삶도 노간주나무 같은 삶을 살아가고 있는가를 돌아본다. 그렇게 살고 있지 못 한 게 당연하다. 올곧으며 여러모로 쓸모 있는 삶은 참 어렵다. 세파에 흔들리더라도, 누가 알아주지 않더라도 중심추의 오차범위를 벗어나지 않는 중용의 삶은 살아야 하지 않을까. 노간주나무에게 한 수 배운다.

## 제4부

## 읽는 즐거움

성자 알제아르 부피에

흔적 뒤의 흔적

시간 낭비에 대하여

쓰레기 덕질

앙불괴어천 부부작어인

피어라 상상력 만나라 산해경

질그릇

바람에도 꺾이지 않는 자유

완전한 용서

나르시시즘

# 성자 알제아르 부피에
《나무를 심은 사람》/장 지오노

한 사람의 인격을 알기는 쉽지 않다. 보기 드문 인격을 갖고 있는가를 알기 위해서는 여러 해 동안 그의 행동을 관찰할 수 있는 행운을 가져야만 한다. 그 사람의 행동이 온갖 이기주의에서 벗어나 있고, 그 행동을 이끌어 나가는 생각이 더없이 고결하며, 어떤 보상도 바라지 않고, 그런데도 이 세상에 뚜렷한 흔적을 남겼다면 우리는 틀림없이 잊을 수 없는 한 인격을 만났다고 할 수 있다. 고결한 인격을 지닌 한 사람의 불굴의 정신과 실천이 이 땅에 기적 같은 위대한 결과를 만들어 낼 수 있다는 메시지가 감동을 준다.

우리나라는 해방 당시 황폐화되어 있었다. 나라의 경제도 삶도 그랬다. 온통 산도 말 그대로 벌거숭이 민둥산이었다. 1961년 새 정부가 수립되었고 산림녹화사업이 대대적으로 시행되었다. 그 일에 민관군뿐 아니라 학생들까지 총동원되어 사방공사를 실시한 것이 기억에 생생하다. 민둥산에 밤나무, 족제비싸리, 은사시나무, 소나무, 아까시나무 등을 심었다. 1953년 《리더스 다이제스트》에 발표된 《나무를 심은 사람》을 읽으면서 학생시절 나무을 심었던 기억이 더욱 생생하다. 산림녹화사업을 시작한 한 사람의 뜻이 현재의 우리나라 푸른 강산을 만들었다.

  20여 년 전 중국에 여행한 적이 있었는데 중국에서 바라본 북한 땅의 산들은 나무 한 그루 없는 벌거숭이 민둥산이었다. 최근에 김포 조강리 애기봉에 갔을 때도 조강을 사이에 두고 북한 땅이 지척에 보였다. 그쪽 북한의 산들은 아직도 민둥산이었다. 같은 민족, 같은 땅의 산이 어째서 이렇게 다를까 생각하니 가슴이 아프다.

  《나무를 심은 사람》의 주인공 '알제아르 부피에(1858~1947)'는 헌신적인 노력을 통해 자신이 거둔 '성공'을 보여줌으로써 어느 누구도 거룩해질 수 있다는 교훈을 주고 있다. 목표를 세워 추구해 나가면 기적을 만들어 낼 수 있다는 희망을 안겨주었다. 부피에는 《나무를 심은 사람》을 통해 우리의 마음속에 '희망의 나무'도 심어주었다. 우리의 메마른 영혼 속에 푸른 잎을 피워 낼 내일의 '도토리'를 심어 준 셈이다.

작가 장 지오노(1895~1970)는 프랑스 남부 오트 프로방스의 작은 도시마을 마노스크에서 태어났다. 여행자들에게는 잘 알려지지 않은 해발 1,200여 미터의 산악지대였다. 그는 여행을 즐겼는데, 젊은 나이에 마노스크에서 멀지 않은 헐벗은 황무지를 향해 먼 도보여행을 떠났다. 야생 라벤더 외에 아무것도 자라지 않는 황폐지역을 걷고 지나니 더 황폐한 지역이 나타났다. 마실 물이 떨어져 물을 구하려고 이곳에 텐트를 쳤다. 그러나 샘이 있기는 했지만 바싹 말라 있었다. 지붕이 사그라진 집 여섯 채, 종탑이 무너져 버린 교회만 덩그러니 서 있었다. 마을이 있었던 증표만 남아있을 뿐, 나무 한 그루도 없었다. 마실 물을 구하기 위해 헤매다가 외로운 양치기를 만났다. 그곳 너머에는 너덧 마을이 자리하고 있을 뿐이라고 그는 말했다.

그곳 마을 사람들은 서로 자기만 살기 위해 경쟁을 했다. 숯을 만들어 파는 경쟁, 교회의 앞을 자리, 선한 일, 악한 일, 그리고 선과 악이 뒤섞인 것들을 놓고 끊임없이 다투었다. 여름이나 겨울의 견딜 수 없는 날씨까지 그들에게는 더 힘든 일이었다. 자살도 전염병처럼 번져갔다.

양치기는 3년 전부터 도토리 10만 개를 매일 백 개씩 심어 나갔다. 2만 개가 싹이 나왔다. 그중에서 1만 그루가 성장할 것이라고 예상했다. 그는 나이 쉰다섯 살의 '알제아르 부피에'였다.

작가 장 지오노는 젊은 나이였다. 그때 지오노의 이기적인 생각은 자신에 관계된 일이나 행복을 추구하는 미래만 상상했었다. 30년 후에는 1만 그루 떡갈나무가 멋진 모습일 거라고 장지오노는 말했다. 이에 부피에는 간단히 대답했다. "만일 하나님이 30년 후까지 나를 살아있게 해주신다면, 아주 많은 나무를 심겠다."고 했다. 1만 그루는 바다의 겨우 물 한 방울과 같을 뿐이라고 하며 계속 나무를 심을 의지를 내비쳤다.

그는 87세가 넘도록 도토리나무 너도밤나무 자작나무 등을 심어나갔다.

세월이 지나고 나니 황폐했던 사막에 물이 흐르고, 버드나무와 갈대가, 기름진 땅이, 꽃들이, 그리고 삶의 이유 같은 것들이 되돌아오고 변화가 일어났다. 부드러운 숲의 바람이 불고 마을이 되살아났다. 옛 주민들과 새로 이주해 온 1만 명이 넘는 사람들이 함께 모여서 '알제아르 부피에' 덕분에 행복하게 살아가고 있다.

인간에게 주어진 힘이란 참으로 놀랍다. 위대한 혼과 고결한 인격을 지닌 한 사람의 끈질긴 노력과 열정의 결과가 아닌가. 지금은 프로방스 지방이 지상낙원이 되었다. 알제아르 부피에는 성경의 예언자나 동양의 현자를 닮아있다. 작가 장 지오노는 부피에를 성자라고 하며 책을 썼다. 성서에 나오는 성자 '엘르아잘'이란 이름과 비숫하기도 했다.

  나는 '알제아르 부피에'를 생각하며 실화를 소설로 옮긴 '장 지오노' 역시 위대한 성자라고 부르고 싶다. 나무 심기를 장려하기 위해 이 글을 썼다고 했다.

  오늘날 우리나라의 울창한 숲을 보면 먼 얘기인 듯하다. 우리는 천혜의 금수강산에 감사하며 살 일이다.

# 흔적 뒤의 흔적
## 《흔적》/임낙호

　입추가 지났다. 폭염에 만물이 신음하고 있다. 가을의 문턱에 들어선다는데 무더운 여름은 끝이 보이지 않는다. 기후의 변화가 심각한 수준으로 치닫고 있음을 실감한다.
　향후 20년 안에 지구상 온도가 산업화 이전 대비 1.5도 상승할 것이 확실시된다고 세계기후연구과학자들이 경고했다. 최근 세계 곳곳에서 벌어진 폭염, 산불, 홍수와 가뭄 등이 앞으로 수십 년간 잇따를 수 있다는 것이었다. "전례 없는 극한 현상이 빈번할 것"이라고 거듭 경고했다. 지구 온도가 오르면 빙하 감소와 해양 산성화, 해류 변화 등 대기, 해양 순환시스템에 변형이 뻔하다.
　북미 지역에서는 100년 만의 폭염으로 사망자가 속출했고 일본,

중국, 인도 등지에서는 기록적인 폭우가 내렸다. 독일, 벨기에 등 서유럽에서도 대규모 폭우와 홍수가 발생했다. 최근 2년 동안 아마존, 캘리포니아가 불에 탔고, 지금도 불타고 있는 그리스, 튀르키예나 시베리아 산불 등으로 엄청난 피해를 보고 있다. IPCC(기후변화에 대한 정주간 협의체)는 이산화탄소 농도가 최근에 전례 없는 수준으로 증가하고 있다며 온난화는 명백하게 인류의 활동이 원인이라고 했다. 이것은 인류가 무분별하게 살아온 삶의 흔적이다. 이산화탄소의 흔적은 수백 년이 지나도 남는다고 하니 점점 증가하는 탄소 배출은 지구의 종말을 점점 앞당길 거란 생각이 든다. 이대로 방치하다가는 지구의 존재가 너무 빨리 사라질지도 모르겠다.

무더위 속에 신음하는 만물들도 비를 맞으면 언제 그랬냐는 듯이 막 세수하고 고개를 쳐든 새색시의 볼같이 싱그럽게 생기가 돈다. 생기 넘치는 생머리에서 풍기는 풋풋한 냄새가 넘실대는 듯하다. 우리의 삶도 그렇지 않은가. 이런 날이 삶을 아름답게 해 줄 것이고 마음의 양식도 풍부해질 것이다. 수만 년 동안 흘러내려 온 인류의 물줄기는 변화를 거듭하며 발전에 발전을 거듭해 왔다. 그 속에는 수많은 영광의 환희가 있었는가 하면 치열한 상흔도 있어 왔다. 이러한 것들은 아름다움으로 승화되어 영원한 불멸의 흔적으로 이어지고 있다.

자연환경의 악화는 자연에 순행하는 지구를 무시하고 살아온 인간에 경고하는 것이다. 우매한 인간은 늘 얻어맞을 때에야 정신을 차린다. 그런데 이번의 일은 얻어맞아도 제자리로 돌아가기란 아주 힘들지 않을까 심히 염려된다. 이런 흔적은 남겨서는 절대로 안 되는데….

수필《흔적》을 발간했다. 책 속의 '흔적'은 공사현장에 따라다니는 지긋지긋한 쓰레기 얘기였다. 조금만 방심하면 쓰레기가 산더미가 되어갔다. 무엇보다도 쓰레기를 줄이고, 치우는 게 공사현장의 중요한 일임을 알고부터는 매의 눈을 가질 수밖에 없었다고 부드럽게 썼지만, 그때 그 시절에 지독한 소장이란 별명을 듣고도 못 들은 척해야만 했다. 그렇지 않으면 쓰레기가 쌓이고, 크고 작은 사고로 이어지기 때문이었다. 몸에 밴 버릇은 남 못 준다고 했던가. 아직도 어디든 지저분하거나 불규칙한 것에는 참지 못한다. 하지 않아도 되는 불결은 게으름의 산물이 아니던가. 지나고 보니 청결은 탄소 배출을 줄이는 일이기도 했다. 그래서 〈흔적을 남기지 말자〉로 잡았던 글 제목을 〈흔적〉으로 고치고 첫 수필집의 제목이 되었다. 제호가 되고 나서 흔적이란 흔한 말이 점점 무거워지기 시작했다. 골똘히 생각하게 되었다. 이제 보니《흔적》은 생각지도 못한 사이에 나의 고백서가 되어 내 신상을 탈탈 털어놓고 말았다. 부끄러운 고백들일뿐인데.

　지워야 할 흔적이 있는가 하면 지워서는 안 되는 것도 있다. 감추고 싶은 흔적이 있고, 혼자만 간직하고 싶은 흔적, 공유하고 싶은 것도 있다. 수필집《흔적》에도 감추고 싶은 흔적은 질투라는 단어를 떠올리며 불편했던 시절의 삶이었는데 고백하고 말았다. 혼자 간직하고 싶은 흔적은 비밀로 간직해야 역시 신비스럽다. 혼자만의 영원한 세계를 유영할 수도 있을 것이기에 더욱 그렇다. 함께해도 좋을 추억의 흔적이라면 꽃과 함께한 즐거운 시간의 발자취가 그렇고, 산행하며 발자국마다 그려진 산행지도는 행복한 흔적이 아니겠는가.

　　　너저분한 우리 집 앞 공사 현장도 흔적 없이 깨끗하게 마무리되길 바란다.
　　　어디 공사현장뿐이랴. 내가 사는 이 땅 아니, 잠시 빌려 쓰고 있는 이 지구를 떠나는
　　　그때까지는 살아온 흔적 하나 남기지 말고 깨끗하게 돌려주고 떠나리라.

**이렇게 흔적을 남기지 말자고 썼는데 뒤집어 보면 우리는 세대를**

이어가는 줄기의 흐름 속에서 후세에 남겨줘야 할 흔적도 있지 않은가. 글을 쓰는 작가들은 이 시대의 지혜 같은 깨달음을 남겨주고 가는 게 맞지 않을까. 우리 세대가 선인들이 남긴 흔적의 바탕 위에서 자랐듯이 우리도 후예들에게 희망의 빛이 되는 흔적을 남기고 가야 하지 않을까. '흔적'이 꼬리를 물고 흔적을 남겨 간다.

# 시간 낭비에 대하여
《세계의 명수필》/존슨, 영국 시인

시간은 시간으로 이어진다. 낮은 진행하여 아침이 된다. 저녁은 낮이 되고 그동안 천 가지 사물은 그의 주의를 끈다.

남들의 친절을 받고자 하면 그들의 멍청함을 참아야 한다. 사고의 마당에서 스스로 물러설 결단을 내리지 못하는 사람은 무수한 폭군에게 시간의 공물을 바치고도 만족해야만 한다.

약속을 하고도 이를 지키지 않는 나태한 자,

충고를 청하고도 받아들이지 않는 상담을 좋아하는 자,

칭송을 받기 위해서만 큰소리치는 허풍 떠는 자,

그저 동정을 받고자 엄살떠는 불평객,

자기 외는 모든 사람이 헛된 기대라고 알고 있는 일을 친구에게

듣기 좋게 이야기하기를 꾸미는 자,
이득과 청산을 이야기하는 경제가,
전투의 결말과 동맹의 파기를 예언하는 정객,
자본의 많고 적음을 비교하는 고리대금업자,
말하기를 좋아해 아무데서나 떠드는 다변가.
이러한 사람들에게 시간의 공물을 바쳐야 하는 것이다.

시간은 한번 가면 다시 오지 않음은 누구나 잘 알고 있다. 한번 잃어버린 순간은 영원히 상실됨을 깨닫는 바이다. 그러므로 시간은 어떤 재물에 앞서 침해받아서는 아니 되리라고 존슨(Samuel Johnson, 1709~1784)은 말한다. 그런데 사람들 치고 남의 소유권에 속하는 시간의 낭비권리를 요구하지 않는 사람이 없다. 그런 연유로 시간의 공물을 바치는 것에 온전히 시간을 낭비라면서도 이에 만족하고 산다고 했다.

송나라 때 유학자 주희(朱熹, 1130~1200)는 시간의 소중함을 이렇게 시에 썼다. 시간의 소중함을 강조하는 일은 인간이 살아온 이래 모르는 사람은 많지 않을 것이다. 시간은 유한하지 않고 끈임 없이 영속되는 데도, 왜 시간을 낭비하지 말라고 할까. 영겁의 시간에 비하면 우리네 인생이 백년을 산다고 한들, 그건 한순간이지 않는가. 바로 인생의 시간이 유한하기에 나온 말이 아닌가. 우리는 시간과 함께 긴 여행을 영위할 수 없다. 어느 시점인지 알 수는 없지만 시간에서 하차해야 하기 때문 이다. 주희의 시를 보면.

小年易老學難成/ 젊은이가 늙기는 쉬우나 학문을 이루기는 어려우니
一村光陰不可輕/ 촌음의 시간도 가벼이 보내서는 안 될 일
未覺池塘春草夢/ 연못가 봄풀의 꿈이 채 깨기도 전에
階前梧葉已秋聲/ 층계 앞 오동잎은 벌써 가을소리를 내는구나.

勿謂今日不學而有來日/ 오늘 배우지 않고 내일 있다 말하지 말고
勿謂今年不學而有來年/ 금년에 배우지 않고 내년이 있다 말하지 마라
日月逝矣歲不我延/ 세월이 가는 구나, 시간이 나를 기다려주지 아니 하네
嗚呼老矣是誰之愆/ 아 늙었구나, 이는 누구의 잘못인가.

거지 철학자 디오게네스가 통 속에서 알렉산더 대왕의 방문을 받았다. 고대 왕실의 예법에 따라 무슨 청원이 있느냐고 하문下問이 내리자 디오게네스는 "별로 청원이 없사옵니다. 다만 옆으로 비켜주시옵소서. 햇빛을 가림으로써 대왕께서 저에게 주실 수 없는 것을 신으로부터 빼앗지 말아 주옵소서."라고 말했다. 이것은 지상 최대의 왕에게 디오게네스가 요청한 말이었다. 이 또한 디오게네

스에게는 꼭 필요한 것을 위한 시간임을 강조한 것이다. 이는 시간의 공물을 바치지 않고 자신의 시간을 낭비하지 않는 당당함이 아니던가. 알렉산더 대왕도 다시 태어난다면 디오게네스로 태어나고 싶다고 했다.

시간의 횡령이 얼마나 널리 퍼져있는지, 제 마음대로 할 수 있는 시간은 일 년 중 극히 일부분에 불과하다. 인생은 늘 침해자에 의해 약탈을 당한다. 뭇사람의 생을 이렇게 낭비케 함은 예로부터 권력을 쥔 자의 책임이다.

그러나 이 무자비한 박해에 제동을 걸 만한 방책이 있다면 그것은 바로 사람들이 깊이 반성해야 할 것이다. 바라지 않는 방문을 하고, 듣는 사람이 듣고 싶은 이상으로 늘어지게 이야기를 한다는 것이 보상할 수 없는 피해를 주고, 스스로 제공할 수 없는 것을 빼앗아 가는 것이 죄임을 깨달아야 할 것이다.

## 쓰레기 덕질
《그건 쓰레기가 아니라고요》/홍수열

"쓰레기는 사라지지 않는다. 다만 사라질 뿐이다."
  나는 쓰레기 분리수거 담당이다. 내가 하는 일이라곤 생활 속에서 생성되는 부산물을 분리해서 버리는 일이다. 아내가 모아놓은 일반쓰레기와 음식물쓰레기를 버린다. 다음에 할 일은 재활용품 분리 수거다. 그런데 가만히 생각해보니 분리수거란 말이 맞지 않는다. 분리수거는 분리해서 가져가는 일이다. 우리가 가정에서 집하장에 내다놓는 행위는 '분리배출'이 맞는 말이 아닌가.
  지난겨울 우리나라는 심각한 추위로 몸살을 앓았다. 유럽 대륙은 유래 없는 온난화로 몽블랑 지역의 많은 눈이 녹아내렸다. 미국 중서부지방에서는 폭설로 교통이 마비사태를 겪었다. 이는 인구의 급속한 증가와 무분별한 자연환경 파괴가 기본 원인이었다. 이에 따른 탄소배출이 증가하고 미세플라스틱이 녹아서 온 지구에 스며들고 있다. 날이 갈수록 쓰레기는 기하급수적으로 늘어나고 있다. 실로 심각한 상황이 아닐 수 없다.

"쓰레기는 사라지지 않는다. 다만 사라질 뿐이다." 발생한 쓰레기는 '사라질 뿐이다.'라는 말은 '쓰레기는 감춰질 뿐이다.' 우리가 버린 쓰레기가 잘 처리되었다고 생각하지만 어떤 형태로든 지구상에 남아있게 마련이다. 쓰레기에도 '엔트로피 법칙'이나 상대성이론의 $E=mc^2$에서 보듯, 에너지 불변의 법칙이 적용된다. 생성된 물건들은 쓰레기로 돌아간다지만 질량은 변하지 않는다. 쓰레기를 최소화하는 가장 효율적인 해결방안을 찾아가야 할 일이다.

쓰레기를 만들지 않는 게 원칙이겠지만 사람이 살면서 '쓰레기 제로'는 불가능한 일이다. 그러면 쓰레기가 되기 전에 '재사용'하고, 재사용이 어렵다면 '재활용'을 모색해야 한다. 다음은 '자원화'를 모색해야 한다. 자원화도 안 되면 최후에 쓰레기로 남게 되는데, 쓰레기는 크게 음식물, 소각용, 매립용으로 분리할 수 있다.

나는 위 항목의 세 번째 '쓰레기의 자원화'에 가장 힘써야 한다고 생각한다. 분리배출은 쓰레기를 줄이는 기본이기도 하다. 분리배출은 쓰레기가 잘못된 길로 빠지지 않고 자원화로 인도하기 위해서다. 재활용품이 종량제 봉투에 담겨서 땅에 묻히거나 불타는 것을 최대한 막자는 것이다. 쓰레기를 최대한 줄이고 재활용을 늘리자는 것이다.

쓰레기 배출량을 줄이려고 '제로 웨이스트(Zero Waste)운동'을 대대적으로 전개하고 있다. 이를 지키는 규제로 '5R'을 들었다.

일회용 컵 대신 텀블러를 쓰는 등 불필요한 물건 사용을 줄이고(Reduce), 본인은 불필요해도 여전히 사용할 수 있는 물건은 재활용 매장에 기부하고(Reuse), 재사용이 어렵다면 정확하게 분리하여 다시 원료로 사용하고(Recycling), 물건을 구매할 때는 일회용 비닐봉지를 거부하고(Reject), 음식물 쓰레기는 퇴비로 만들어 텃밭에 뿌리는(Rot) 것이다.

어느 여름, 집중호우가 내렸었다. 당시 쓰레기가 빗물에 쓸려 내려가 빗물받이 배수구가 막히고, 흐르던 물길은 반지하층으로 흘러넘쳐 인명피해까지 발생했다. 이는 다른 차원의 단순한 얘기일지 모르지만 무분별하게 쓰레기를 버리는 습관에서 오는 일이 아닌가. 시민들의 성숙한 의식이 요구되는 대목이다. 게다가 지자체의 관리와 쓰레기 수거 체계가 원활하게 가동되어야 한다.

농경시대의 쓰레기는 다시 퇴비로 사용하는 게 대부분이었다. 산업화시대로 넘어오면서 각종 생활용품은 썩지 않는 합성물질로 넘쳐나기 시작했다. 화학합성물질로 지구환경이 멍들고 신음하고 있다. 그로 인한 이상기후의 징후가 지구 곳곳에서 나타나고 있다.

지구를 살리기 위해서라면 너나 할 것 없이 '쓰레기 덕질'을 강력히 권한다. 덕질이란 좋아하는 일에 몰입한다는 뜻의 인터넷 속어다. '쓰레기 덕질'은 쓰레기를 줄이고자 노력하는 일에 푹 빠진 것을 의미한다. 홍수열 작가는 기하급수적으로 늘어나는 쓰레기의 심각성을 깨닫고 쓰레기를 줄이기 위한 해결책을 찾아가는 일환으로 《쓰레기 덕질》을 써냈다.

"인류의 미래는 집 앞 쓰레기 분리수거장에 있다."고 했다. 나는 오래전 공사현장에서부터 나름 쓰레기 줄이기에 애써왔다. 은퇴 후의 삶에서도 계속 쓰레기 덕질에 노력을 기울이고 있다.

## 앙불괴어천 부부작어인
《줬으면 그만이지》/김주완

눈보라 치는 어느 날이었다. 한 스님이 고갯마루를 넘어가고 있었다. 스님은 반대쪽에서 넘어오는 거지를 만났다. 곧 얼어죽을 것 같은 행색이었다. '저대로 두면 얼어죽겠는데.' 그래서 스님은 발길을 멈추고 자기의 외투를 벗어주었다. 외투를 벗어주면 자기가 힘들 것이나 지금 안 벗어주면 저 사람이 금방 얼어죽을 것 같아서였다. 엄청 고민을 한 끝에 벗어주었는데 걸인은 당연하다는 듯 외투를 입고 그냥 가려고 했다.

스님은 기분이 좀 나빠졌다. 엄청난 고민 끝에 벗어주었는데 고맙다는 인사 한마디 없다니. "여보시오, 고맙다는 인사 한마디는 해야 할 것 아니오." 하니 걸인 왈, "줬으면 그만이지. 뭘 칭찬을 받겠다는 것이오?"

그래서 스님이 무릎을 탁 쳤다.

"아, 내가 아직 공부가 모자라는구나. 그렇지, 줬으면 그만인데 무슨 인사를 받으려 했는가. 오히려 내가 공덕을 쌓을 기회를 저 사람이 준 것이니 내가 고맙다고 인사를 해야지. 왜 저 사람한테서 인사를 받으려 한 것이냐."

우리는 살아가면서 수많은 사람을 만나고, 스치고 지나간다. 사람의 외모가 다 제각각이듯 성격이나 생각도 각양각색이다. 직접 만남을 통한 관계가 있는가 하면 책을 통해서도 많은 사람을 만난다. 나도 책을 통하여 인격을 알아가는 경우가 많다.

만남을 통한 앎에 걸리는 시간은 책을 통하는 것보다 긴 시간을 요하는 경우가 많다. 몇 십 년이 걸리기도 한다. 책을 통한 앎은 그리 긴 시간이 걸리지 않을 수도 있다. 모 일간지 기자가 취재하여 쓴 책을 통해서 줬으면 그것으로 끝이라며 생각지도 말고 누구에게도 말하지 않는 원칙을 지키는 사람을 만났다. 참 고무적인 일이다.

나는 세 권의 책에서 원칙을 지키는 공통점을 만나게 되었다. 공부론이었다.《줬으면 그만이지》, 수필가 이동민의《수필이란 무엇일까》, 10주 연속 베스트셀러에 올라있는《세이노의 가르침》에서 공통적으로 읽기와 공부의 중요성을 강조했다. 어려운 사람을 돕는 것도, 수필을 잘 쓰는 것도, 사업을 토대로 한 행복도 책이 바탕임을 더욱 실감하게 되었다. 그들은 각기 다른 인품을 가지고 있지만 책을 통하여 쉽게 알게 되었다.

《줬으면 그만이지》에서 주인공 김장하 선생을 알았다.

그는 "내가 배운 게 없으니 책이라도 읽을 수밖에."라고 일갈했다. 그는 어려운 형편 때문에 하고 싶었던 공부를 못했다. 중학교를 중퇴한 그의 가슴에는 목에 걸린 생선가시처럼 '공부'가 한으로 남아 있었다.

그의 생각은 돈을 벌기 위해서 어려웠던 과거를 투영했다. 공부를 소망하는 수많은 젊은이들이 김장하 자신의 과거 위에 내려앉았다. 그것은 나눔으로 이어졌다. 진정한 나눔을 실천했고 보상을 바라지 않았다.

고등학교 진학도 못한 그는 삼천포의 남각당한의원에 점원으로 일을 시작했다. 열심히 일하며 한약에 관한 지식을 익혀 나갔다. 그는 열여덟 살에 국가가 처음으로 시행한 한약사시험에 당당하게 합격했다. 그 후로 남성당한약방을 운영하며 어려운 학생들에게 물질적 지원을 시작했다. 삶의 정신적 지주가 되어주기도 했다. 배움에 목말랐던 그는 마침내 명신고등학교를 설립하여 운영하였다. 그것조차도 7년 만에 공립으로 전환하고 국가에 헌납했다. 보시布施를 한 것이다.

산스크리트어인 '보시'라는 말은 남에게 자비심으로 조건 없이 주는 것을 말하는데 반대급부를 받아야 한다는 생각이 깔려있다고 생각하는 게 보통이다. 위 스님의 얘기에서 보았듯 보시 즉 베풂에는 인사나 보상을 생각하면 이미 베풂이 아니다. 무주상보시無住相布施, '내가 베풀었다는 생각이 있는 보시는 진정한 보시가 아니다.'

보시는 꼭 물질이 필요한 것인가. 돈이 없는 사람은 할 수 없는 일인가? 마음이 보시로 이어질 수 있는 무재칠시無財七施가 있다.

얼굴을 환하게 하는 화안시和顏施, 눈길을 부드럽게 상대를 바라보는 자안시慈眼施, 말씨를 부드럽게 해서 상대의 마음을 편하게 해주는 언사시言辭施, 마음으로 위로해 주는 마음의 씀씀이인 심려시心慮施, 몸으로 때우는 사신시捨身施, 자리를 양보하는 상좌시床座施, 나그네를 방에 재워주는 방사시房舍施가 엄청난 보시일 것이다.

에리히 프롬은《사랑의 기술》에서 사랑은 대가를 바라지 않는 것이라고 했다. 내가 산이 참 좋다고 했을 때 산이 나에게 뭘 해주기를 바라지 않듯, 내가 꽃이 참 예쁘다고 했을 때 꽃이 나에게 뭘 해주기를 바라지 않듯, 사람도 남을 도와줬으면 그만이지. 아무런 갈등도, 괴로워할 일도 아니다. 가난한 이에게는 분수대로 나누어주고, 마음이 빈곤한 자에게는 진리의 말로써 용기와 올바른 길을 제

시해주고 모든 중생이 마음의 편안을 누릴 수 있게 하는 것이 참된 보시이리라.

　김장하 선생은 맹자의 군자삼락君子三樂 중 두 번째 '앙불괴어천 부부작어인(仰不愧於天 俯不作於人)'을 생활신조로 삼아왔다. '고개를 들어 하늘을 우러러 부끄럼이 없고, 고개를 내려 사람들에게도 부끄러울 게 없다.'

# 피어라 상상력 만나라 산해경
《산해경》

"달아달아, 밝은 달아, 이태백이 놀던 달아."

어린 시절, 하얀 둥근 달을 보면 신비스러웠다. 궁금증이 꼬리를 물고 일어나던 때였다. '달이 생겼다 없어졌다. 커졌다 작아졌다. 이태백이 놀던 달은 어떤 달인가. 달은 내 머리 위에서만 뜨는 줄 알았다.

오래전 터키를 여행했었다. 밤에 도착한 터키의 하늘에는 둥근달이 떠있었다. 터키는 최근에 튀르키예로 나라 이름을 바꾸었다. 바뀐 이름을 사람들은 아직은 낯설게 느끼고 있다. 영어로 터키Turkey는 칠면조와 똑같다. 속어로는 '겁쟁이'라는 뜻으로도 쓰인다. 튀르키예Turkiye는 '용감한 민족'이란 정반대의 뜻을 가지고 있다.

튀르키예는 4대문명 발상지 중의 한 곳으로 티그리스강의 발원지이기도 하다. 기원전 1800년부터 700년간 강대국 이집트에 맞선 히타이트제국이 바로 튀르키예다.

튀르키예 원형극장으로 이어지는 대리석 길에서인지, 셀수스 도서관 근처인지 잘 기억나지는 않지만 수많은 관광객들이 오갔다. 길가에 무너진 건축물 석재 조각들이 즐비하게 쌓여 있었다. 그 한쪽에는 여행에 지친 이들이 걸터앉아 쉬기도 하고, 기대 서있기도 했다.

세계 각지에서 모여든 이국적인 사람들의 향연장이었다. 대부분 우리처럼 걷기가 힘에 부치는 사람도 있었지만 젊은이들도 삼삼오오 쉬면서 무언가를 각자의 언어로 얘기하고 있었다. 마치 방언을 말하는 모습이 연상되었다. 튀르키예는 기독교의 역사가 깃든 곳이다. 그런 그리스도인들이 박해를 받아 지하 수백 미터 아래로 숨어들어 살았던 지하도시 데린구유가 떠올랐다. 지금은 종교의 자유화를 선언했지만 국민 대부분이 이슬람교를 믿는다고 하니 좀 아이러니하기도 하다

길가에 쉬고 있는 많은 사람 중에 옆모습에서부터 느껴지는 환한 미모의 한 여인이 눈에 들어왔다. 금발의 웨이브 머릿결에 발그레하면서도 하얀 피부가 매력적이었다. 붉은 입술, 큰 눈망울에 짙

은 눈썹이며, 클레오파트라 코를 연상시키는 여인이었다. 나는 지금까지 그렇게 아름다운 미인을 본 적이 없는 것 같다. 비너스가 이랬을까. 《아가서》의 술람미 여인이 이런 모습이었을까? 함께 사진이라도 찍어보고 싶었으나 용기를 내지 못하고 머리에 그려만 넣고 우리 일행을 따라가기에 바빴었다. 그때는 왜 용기를 내지 못했을까. 우리 식으로 표현한다면 달덩이 같은 얼굴이었다. 아직도 아쉬운 대목이 아닐 수 없다.

《춘향전》에서 이 도령은 춘향을 '월궁의 항아姮娥'라고 불렀다. 항아는 중국의 신화에 등장하는 '달의 여신'이다. 항아는 누구인가? 서양의 신화에서 가장 아름다운 여신은 아프로디테, 바로 비너스이다. 그렇다면 동양 신화에 나오는 최고의 미녀는 바로 항아가 아닐까. 항아는 《산해경山海經》에 등장하는 달의 여신이다. 튀르키예에서 만났던 미인이 항아를 닮았을까. 비너스를 닮았을까. 나의 상상력을 한없이 펼치게 한다. 항아는 어떻게 달의 여신이 되었을까.

동이계 종족의 영웅으로 활을 잘 쏘는 '예羿'라는 인간이 있었다. 예를 배신한 아내가 항아다. 어느 날 예가 서왕모라는 여신에게서 불사약을 얻어왔다. 욕심이 생긴 항아는 남편이 외출한 틈을 타 불사약을 훔쳐 먹었고 몸이 하늘로 둥둥 떠올랐다. 항아는 승천하다가 자신이 남편을 배신했기에 하늘나라에 가면 신들이 안 좋아할 것 같다는 생각이 들었다. 항아는 밤에만 다니는 달로 피신하여 '달의 여신'이 되었다. 최근에 중국에서 쏘아올린 달 탐사선의 이름도 '항아의 다른 이름 창어嫦娥'이다.

프랑스 학자 질베르 뒤랑(Gilbert Durand)은 비과학적이고 미신적이라고 여겼던 신화가 다시 관심을 갖게 되었다고 하며 '신화의 귀환'이라고 했다.

근대에 이르러 신화와 함께 귀환한 것이 있는데 바로 상상력, 이미지, 스토리이다. 오늘날 인문학의 화두이기도 하다. 큰 특징의 하나는 스핑크스, 세이렌, 메두사 등 반신반수의 모습을 서양의 그리스로마신화에서는 신이나 인간보다 열등하고 사악한 존재로 묘사했다. 반면에 동양에서는 천인합일天人合一사상 즉, 자연과 사람이 하나되는 것이라고 했다.

뒤랑은 상상력을 넓히려면 동양고전을 읽어야 한다고 했다.

그 대표적인 것이 신화서 《산해경》이다. 《산해경》은 중국의 다양한 종족 및 지역문화의 총체이다. 기원전 3~4세기, 전국시대에 쓰여졌다. 지식층이 아닌 무당이나 방사方士들의 글이다. 제도권 밖의 기층문화基層文化를 담고 있어 더욱 고전으로의 가치가 높다. 총 18권인데 산경, 해경, 황경 세 부문으로 구성되어 있다. 일관된 스토리가 아니고 옴니버스 형식이라 읽기도 편하다.

《산해경》 속 항아의 남편 예는 활을 잘 쏘는 사람으로 전해오는 일화가 있다. 어느 날 갑자기 하늘에서 해 열 개가 떨어져 농작물이 다 타 죽고 난리가 났다. 기우제를 지내도 소용이 없자 사람들은 예에게 활을 쏴 태양을 떨어뜨리게 했다. 예가 활을 쏘자 태양의 전령 삼족오가 떨어졌다. 예는 괴물도 퇴치하는 착한 인간이었는데 아내에게 배신당하고 제자에게도 배신당하여 불행해졌다.

제자 중 한 사람이 아주 똑똑해 예의 총애를 받았다. 그런데 그는 가르침을 고마워하기는커녕 스승을 시기했다. "스승만 없으면 내가 일인자가 될 텐데."라는 못된 생각을 하였다. 제자는 사냥에서 돌아오는 예를 복숭아나무 몽둥이로 뒤통수를 쳐서 죽였다. 백성들은 예가 죽자 안타까워하며 성대하게 제사를 지내주고 예를 귀신의 우두머리로 섬겼다. 우두머리 신, 예는 무서울 게 없는데 딱 하나 무서워하는 것이 있었으니 바로 복숭아였다. 그래서 제사상에는 복숭아를 놓지 않는다는 얘기가 전해 내려오고 있다. 복숭아가 있으면 귀신들이 무서워서 오지 못한다고. 무속신앙에서 귀신들린 사람을 고친다고 복숭아나무 가지로 때리는 것도 그런 이유란다.

튀르키예에서 만났던 여인이 비너스를 닮았을까. 항아를 닮았을까. 아니면? 나도 상상력으로 이미지를 그리며 스토리를 써본다. 비너스나 항아는 현존하지 않으니 자못 궁금할 뿐이다.

## 질그릇
《이 질그릇에도》/미우라 아야코

　추수 끝난 들녘은 한가롭다. 가을걷이가 끝나고 김장을 마치면 월동준비는 끝이다. 그래도 집안에 한 가지 일이 남아있다.
　어머니는 종일 멥쌀과 찹쌀을 빻고, 팥고물, 호박꼬지를 준비했다. 장독대의 한쪽에 잘 모셔두었던 시루를 꺼내와 정성스럽게 닦아놓으면 준비는 끝이었다. 그 시대의 시루는 질그릇의 대명사였다. 조금만 방심하면 와르르 깨지기 쉬우니 신주단지 모시듯 했다. 우리네 삶이 질그릇의 나약함을 닮아있다.
　시루는 농촌의 1년의 화룡점정을 찍는 귀한 그릇이었다. 한 해의 길고 긴 날 농사짓느라 애썼던 것에 대한 보상의 상징이기도 했다. 농사가 잘되었음에 대한 감사의 도구였다. 함께 농사에 동참한 이웃들에게 고마움을 표시할 기회이기도 했다. 그때가 바로 시루의 진가를 발휘할 때였다.

어머니는 정성껏 시루를 닦아서 한쪽에 모셔놓고 바닥에 뚫린 일곱 개의 구멍을 삼베 천으로 막고 악귀를 쫓는 빨간 팥고물과 하얀 쌀가루를 번갈아 시루에 쌓아올렸다. 시루를 가마솥 위에 정성스럽게 올렸다. 김이 새지 않도록 솥과 시루의 틈을 시룻번으로 단단히 발라서 메웠다. 아궁이에 불을 지피면 가을 떡은 익어갔다.

그 많던 질그릇은 주거환경과 생활 패턴이 바뀌면서 거의 사라졌다. 아직도 시골에서는 시루가 사용되고 있을 것이라는 생각이 든다. 시루떡의 참맛을 알기 때문일 것이다. 이제 도시의 아파트는 떡시루를 떡집으로 밀어냈다.

시루는 '기와 와瓦'자를 부수로 한 '시루 증甑'자로 쓰는데, 지명 외에는 쓰임이 적은 글자가 되었다. 매년 가을, 떡을 찌던 시루도 가을 떡을 나누던 풍습도 사라져가니 세시증(歲時甑 설날에 먹는 떡을 찌는 시루) 같은 말도 사라졌다.

깨지기 쉬운 질그릇은 미우라 아야코가 쓴 《이 질그릇에도》를 떠올리게 했다. 전직 교사였던 미우라 아야코는 남편 미우라 미쓰요와 잡화상을 운영하는 평범한 주부였다. 그녀는 아사히신문사의 공모전에 당선된 소설 《빙점》을 1964년 출간하였다. 기독교인이 된 그녀는 일본의 대표적 여류작가가 되었고, 《빙점》은 한국에서도 큰 사랑을 받았다. 나는 아야코의 《길은 여기에》에 이어 후속작 《이 질그릇에도》를 읽었다. 두 작품은 《빙점》 탄생 전 얘기들이 담겨있다. 질그릇에 불과했던 그녀의 삶이 쓰임을 받은 고백이었다.

《이 질그릇에도》는 기독교인으로 가치관이 변해가면서 어둠에서 빛으로, 죽음에서 삶으로 나아가는 여정의 스토리였다. 스토리에 감동을 받아 나는 그녀의 팬이 되었다.

사람이 살면서 진실이라고 믿었던 가치와 세계관이 무너지는 기분은 어떤 것일까. 미우라 아야코는 일본 천황을 숭배하여 가르치던 아이들을 전쟁터로 내몰았던 자신의 행위를 뼈저리게 후회했다. 그녀는 일본에서 잘 살아온 것이라고 생각했던 것이 얼마나 편협하고 잘못된 것인지 알게 되었다. 믿었던 가치관이 진실이 아니었고, 죄악이었음을 깨닫는 순간 그녀의 삶은 무너져 내렸다. 더해서 육신은 병들어 침대에 누워 움직이지 못하는 신세가 되었다. 열정을 다해 아이들을 가르치며 살아왔던 생은 허무감에 휩싸였다. 스스로를 쓸모없는 인간으로 여기게 되었고 자살이라도 하고 싶었다.

절망 속에서 육신까지 병들어 죽음을 바라보던 그녀를 빛의 길로 인도한 이가 있었다. 아야코와 같은 카리에스(결핵척추염)를 앓고 있던 마에카와 다다시였다. 그는 "아야코가 살 수만 있다면 자기목

숨은 필요 없다고 생각했다."

미우라 아야코는 "그의 사랑이 온몸을 꿰뚫는 것을 느꼈다." 마침내 다다시가 믿는 주님도 받아들이게 되었다. 그런데 다다시는 아야코를 놔둔 채 결핵과 싸우다 주님의 품으로 일찍 떠나버렸다. 그래서일까. 아야코는 폐결핵에서 회복되어 갔다. 그녀는 그가 하나님이 보내주신 천사로 여겨졌다.

아야코는 먼저 세상을 떠난 다다시와 닮은 미우라 미쓰요를 다시 만났다. 미쓰요는 5년간이나 아야코의 병수발에만 전념했다. 그녀의 병은 나아져서 사랑, 결혼으로 이어지고 가정을 이뤘다. 또 다른 천사 미쓰요의 믿음과 사랑의 결과였다.

아야코의 삶은 육신의 고통과 시련으로 주님을 원망할 법도 한데, 하나님이 부서지기 쉽고 하찮은 질그릇 같은 자신을 얼마나 소중하게 여기는지 믿게 되었다. 하나님은 살아계신다는 확신을 갖고 미우라와 서로 존경하며 믿음을 더욱 키워나갔다. "시험을 당하거든 온전히 기쁘게 여겨라."라는 야고보서 말씀을 가슴에 품고 고난을 기쁨으로 여기며 살아가는 아야코의 믿음은 기쁨의 열매를 찾아가는 길이었다.

아야코는 잡화점을 운영하며 신문사에 제출해야 하는 소설 쓰기도 힘든 상황에 엎친 데 덮친 격으로 심한 감기로 며칠을 앓아누워 있어야 했다. 다가오는 12월 31일은 소설의 마감날이었다. 게다가 매년 마지막 날에는 그녀의 집에서 어린이를 위한 크리스마스 행사를 열었는데 원고 제출 마감시간도 촉박하고 너무 힘든 상황이었다. 이번 행사는 미루고 소설부터 제출하고 싶다고 남편에게 말했다. 남편 미쓰요는 어린이들과 약속을 지키지 못한다면 소설을 제출해도 의미가 없다고 잘라 말했다. 그녀는 남편에게 순종하여 크리스마스 행사를 먼저 열었다. 전력을 다해 소설도 마무리하여 제출할 수 있었다. 마침내 당선까지 되었다.

> 아야코, 하나님은 우리가 잘 나서 써 주시는 게 아니야.
> 성경에도 있는 것처럼 우리는 흙으로 만들어진 '질그릇'에 지나지 않아.
> 이런 '질그릇'이라도 하나님이 쓰시려 할 때는 반드시 써주신다.
> 앞으로 자기가 '질그릇'임을 결코 잊지 않도록.

남편의 말은 하나님의 말씀으로 들렸다. 보잘것없는 깨지기 쉬운 질그릇에 불과한 아야코의 인생은 하나님의 말씀을 따라 산 보상으로 《빙점》이 명작이 되었고, 노벨문학상까지 받게 되었다. 질그릇 시루에서 맛있는 떡이 익어간 것이었다.

어머니가 해주셨던 시루떡이 그리운 저녁이다.

## 바람에도 꺾이지 않는 자유
《인문학 명강, 장자》/강신주

　사람은 다 다르다. 어떤 이는 높은 산 오르기를 좋아하고, 다른 이는 호수길 걷기를 좋아한다. 수십 년을 함께 산 아내와 나도 다른 게 더 많다. 아내는 그림을 좋아한다면 나는 책을 더 좋아하는 편이다. 어떤 새는 하늘 높이 바람을 타며 날아오르고 어떤 새는 땅바닥과 관목 울타리만 넘나든다.

> 뱃사람들이 재미삼아
> 거대한 바닷새 앨버트로스를 잡는다.
> (중략)
> 시인도 이 구름의 왕자를 닮아,

폭풍 속을 넘나들고 사수를 비웃건만,

땅 위, 야유 속에 내몰리니,

그 거창한 날개도 걷는 데 방해가 될 뿐.

《악의 꽃》을 쓴 시인 보들레르는 신천옹을 보면서 이 시를 썼다. 시인의 정서가 담겨있다. 자신의 정신 크기는 앨버트로스만큼 커서 이 세상을 모조리 품을 수 있다고 생각했다. 이 세상의 옳음이 무엇인지 다 아는데, 세상은 권력과 자본이 지배하니 자신은 아무 힘도 없음을 한탄했다. 그는 너무나 훌륭한 시를 썼음에도 책이 안 팔렸다. 시집을 싸구려로 팔 수는 없었다. 뱃사람에게 붙잡혀 수모를 당하는 신천옹에 빗대어 자신의 신세를 한탄했다. 그러나 그는 자신의 날개, 즉 희망을 포기하지 않았다. 보들레르는 장자에 등장하는 대붕을 꿈꾸고 있는 것 같다.

《장자》란 책을 보면 장자莊子와 장주莊周라는 이름이 나온다. 장자의 '자子'는 '선생'이란 뜻이다. 우리 식으로 따지면 '장 선생님'이라는 경칭이다. '주周'는 이름이다.

장자라고 표현된 '장자우화'는 장자의 후학들이 스승에 대한 존경심을 가지고 기록한 것이다. 장자의 글들을 매우 신성시 했다. '장주우화'는 상대적으로 객관적으로 보는 장자학파에 속하지 않는 사람들의 기록이다. 그래서 장자우화에는 장자에 대한 판타지가 있다. 장자는 자유로웠고 소요유逍遙遊를 즐겼다.

장자는 고난의 삶을 살았다. 우화의 소재로 선천적 불구자, 후천적 형벌로 다리가 잘린 사람, 광인, 목수, 백정 등을 등장시켰다. 재미있는 것은 이들이 결코 불행한 삶을 영위하지 않는다는 사실이다. 오히려 그들의 삶은 정치가나 지식인들과는 달리 삶이 무엇인지, 소중한 삶을 어떻게 영위해야 하는지를 정확히 아는 달인들로 그려져 있다.

이런 우화를 통해 한편은 정치인과 지식인을 조롱하고, 다른 한편으로 자신과 처지가 비슷한 사람들에게 애정을 보이는 것이었다. 장주로 기록된 우화들은 누구나 겪을 수밖에 없는 철학적 고민을 보여주고 있다.

장자가 '소요유'에서 말하는 핵심은 어떤 것에도 의존하지 않는 진정한 자유의 경지다. 범인들이 보기에 자유로워 보일지라도, 하늘을 날아다니는 열자列子 역시 자유를 누리기 위해선 바람에 '의존'해야 한다는 측면에서 진정한 도에 이른 것은 아니다.

장자의 소요유에 나오는 우화를 보면,

북쪽 바다에 이름이 곤鯤이라는 물고기 한 마리가 있었다. 곤의 둘레의 치수는 몇 천 리인지 알지 못했다. 그것이 변하여 새가 되었는데, 새 이름이 붕鵬이었다. 붕의 등 또한 몇 천 리인지 알지 못할 정도로 컸다. 붕이 가슴에 바람을 가득 넣고 날 때, 양 날개는 하늘에 걸린 구름 같았다. 그 새는 바다가 움직일 때 남쪽 바다로 여행하려고 마음먹었다.

참새는 대붕이 나는 것을 보고 비웃으며 말했다. "저놈은 어디로 가려고 생각하는가? 나는 뛰어서 위로 날며, 수십 길에 이르기 전에 수풀 사이에서 자유롭게 날개를 퍼덕거리며 날지. 우리가 날 수 있는 가장 높은 곳인데, 저 새는 어디로 가려는가?"

사람들이 얘기하기를 대붕이라는 존재는 '절대 자유'의 상징이라고 하는데, 절대로 자유롭지 않다. 태풍이 불지 않으면 재수 없게도 1년 내내 날지 못하고 처박혀 있어야 한다. 이에 참새는 또 비웃는다. 보들레르의 시에서 참새는 선원 같은 존재다. 대붕은 곤이라는 물고기에서 변했다. 변하는 것 자체가 만만치 않다. 프란츠 카프카의 소설《변신》에서 그레고르 잠자가 바퀴벌레가 되는 것처럼 힘든 일이다. 시인은 대붕을 꿈꾼다.

참새는 스스로 자유롭다고 착각하는 우리의 모습 같다. 허구적인 새인 대붕은 우리의 삶을 조망할 수 있는 초월적 자리를 상징한다. 우리는 현실세계에서 비약해 대붕 같은 초월적 자리에 서야 한다. 세상을 내려다볼 수 있는 철학자이어야 한다. 자신의 삶을 비판적으로 성찰할 때 우리는 진정으로 자유로워질 수 있다. 나를 옥죄고 있는 조건을 넘어서는 게 진정한 자유이다. 바람에도 꺾이지 않는 자유.

  바람에 휩쓸리지 말고 바람을 잘 타 보자. 대붕이 되어 보자.

  안 그러면 처박혀 있어야 하니까.

# 완전한 용서
《기쁨공식》/김인강

"아버지 저들을 사하여 주옵소서. 자기들이 하는 것을 알지 못함이니이다."

완전한 용서, 완전한 사랑, 무한한 사랑이었다. 어떻게 이것이 가능하단 말인가? 이 세상에 구세주로 오신 분이 당해야 할 모욕이 아니지 않는가. 온몸이 찢겨 인간이 상상할 수 없는 고통 가운데 죽음을 목전에 두신 분이 할 수 있는 말이 아니지 않는가. 그것은 바로 '무한한 사랑'이었다. '무한'이란 단어는 '유한한' 인간은 이해할 수도, 적용할 수도 없는 언어다. 그러나 무한차원에 계신 하나님께는 당연한 수數이다. 인간의 몸을 입었지만 하나님의 아들이신 예수 그리스도는 무한대의 사랑이 가능하다. 예수님이 십자가에 달리기 전에 온갖 모욕을 당하셨고, 달리신 뒤에도 강도나 행인들에게 비웃음을 당하셨을 때에도 '아버지, 저들을 사하여주옵소서.'였다.

나는 《기쁨공식》에서 또 다른 그리스도를 만났다. 바로 저자 김인강 교수이다. 한 장애인 학생이 멀쩡한 애들의 편견과 멸시의 시선을 견디는 것은 죽는 것만큼이나 힘들었다. 이 세상에서 도망치고 싶었던 그가 대학에서 성경공부를 할 때에 예수님이 십자가에 달리며 온갖 모욕을 당하시는 구절을 읽고 잠을 잘 수가 없었다. 마치 인강 자신이 당하는 것같이 고통스러웠다. 예수님에 비하면 자신이 당하는 고난은 너무나 미약해서 용서 못할 일이 무엇이 있겠는가 싶었다. 예수님의 고난을 인간인 자신의 처지로 이입시키는 놀라운 체험이었다. "아버지, 저들을 사하여 주옵소서. 자기들이 하는 것을 알지 못함이니이다(누가복음 23장 34절)." 이 말씀이 인강의 가슴을 쳤던 것이다. 완전한 용서, 완전한 사랑, 무한한 사랑이었다.

그는 그렇게 하나님께 접붙여졌다. 순간 유한한 인간도 예수님을 닮아간다는 사실을 깨달았다. 술주정하며 어린 아들을 버리라고 했던 아버지를 용서하였고, 장애자인 자신을 괴롭히고 멸시하던 친구들도 모두 용서하게 되었다.

《기쁨공식》을 읽고 이제까지 잘 산 것이 참 감사하기도 하지만 한편으로 나는 헛살았구나 하는 자괴감이 들었다. 하나님의 은혜 속에서도 은혜를 모르고 감사할 줄도 모르고 살고 있었다니, 정신이 번쩍 들었다. 믿음을 다시 점화하지 못하는 내가 너무 부끄러웠다.

저자는 고비마다 어려운 여건을 극복하였다. 두 살 때 소아마비를 앓고 난 후, 걸을 수 없는 장애를 안고 살아가게 되었다. 학교에도 갈 수 없었다. 초등학교에 입학을 하려 했지만 학교에서는 그를 받아주지 않았다. 엄마의 등에 엎여 돌아오는 길에 엄마와 아이는 한없이 울었다. "아가야, 춥지?" 엄마는 업힌 아이의 언 발을 만지며 물었다. 인강은 그 말이 어둠 가운데 생명과 빛으로 오신 예수님의 말씀 같았다.

그는 누나의 권유로 열한 살에 집을 떠나 대전의 재활원에서 2년 동안 재활치료를 받았다. 고통을 견디며 굳은 다리를 펴서 보조기를 끼고 걷는 법을 익혔다.

그에게 장애는 인생의 희망을 앗아갈 징조였다. 낙담했지만 냉대와 차별을 견뎌냈다. 고비 때마다 그는 하나님께 엎드려 기도했다. 예수님의 고난을 생각했다. "나의 고통은 예수님의 고통에 비하면 아무것도 아닌데 못 견딜 것이 무엇이겠는가."

그래도 목발을 짚고 무거운 가방을 메고 강의실을 이동하는 건 늘 고통이었다. 무거운 짐을 들고 메고 목발을 짚고 이동하기는 너무 버거운 일이었다. 지나가는 학생에게 "가방을 좀 들어주실래요?" 하고 부탁했다. 학생은 그를 빤히 쳐다보더니 본인의 몫은 스스로 감당하라는 말을 남기고 가버렸다. 대부분은 그의 상태를 보고 가방을 들어다 주는 게 보통이었는데. 그 말을 듣는 순간 찬물을 뒤집어 쓴 듯 정신이 번쩍 들었다. 인강에게는 충격이면서도 예수님의 말씀으로 들렸다. 그는 "지금까지 내 할 일을 남에게 전가했구나." 하는 자책을 했다. 매번 가방을 들어주고 자리를 양보해주고 길을 비켜주는 일은 작은 일이었던가. 날 위해 희생하는 어머니와 누나들, 형들의 수고는? 동정은 싫다고 했으면서도 알게 모르게 동정에 기대는 걸 당연히 여기지 않았던가. 너무나 부끄러웠다. 역지사지면 그는 어떻게 했을까 하는 생각이 들었다.

그 후로 그는 자기 일을 감당하는 것이 벅찼지만, 힘겹게 이겨냈다. 그러던 대학교 3학년 시절 목발을 짚고 무거운 가방을 멘 채로 강의실을 옮겨다니다 보니 갈비뼈와 폐가 부딪쳐 폐에 구멍이 났다. 당장 수술하지 않으면 죽을 수 있다는 진단이 내려졌지만, 수술은 뒤로 미루고 기도원 한 구석에서 기도하기 시작했다. "하나님, 왜 나한테만 이렇게 가혹하신가요? 항상 아프기만 하고…, 아무 쓸모도 없는 나를 데려가 주세요."

그때 등 뒤에서 환한 찬송가 소리가 들려왔다. 그 순간 자아가 꺾이며 회개가 터져 나왔다.

"내 모습 이대로 받아 주소서. 날 위해 돌아가신 주 날 받아 주소서."

아파서 누워있는 동안 기도하는 법, 성경 읽는 법, 찬양하는 법도 배웠다. 육신은 질그릇처럼 나약하지만, 하나님은 고난을 통해 '약한 곳에서 강해지는 법'을 배우게 하셨다. 예수님은 그에게 '세상의 모순과 절규'를 알려주었고, '과거와 현재를 바라보는 방법'을 알게 하셨다. 세상이 나를 죄인 취급할 때에도 하나님은 나약한 나를 변화시키며 당신이 쓰실 일을 계획하셨다. 연약함을 통하여 하나님의 영광을 나타내려 하셨다. 그렇게 믿음으로 다져진 그의 맷집은 점점 강해져 어떤 강편치도 견뎌낼 수 있었다. 하나님이란 버팀벽은 어느 누구도 부술 수가 없었다.

그는 중고등학교와 대학도 우수한 성적으로 마치고 더 좋은 학교에 유학하고 싶기도 했지만, 혜택과 조건이 좋은 버클리 대학교로 진학했다. 6년 만에 당당히 수학박사 학위를 받았다. 그는 귀국하여 카이스트와 서울대 교수를 거쳐 현재는 고등과학원(KIAS) 교수로 재직하고 있다. 2007년, 40세 이하 과학자에게 주는 '젊은 과학자 상'을 받기도 했다.

하나님의 '완전한 용서'를 깨달은 김 교수는 또 다른 예수님이시다.

# 나르시시즘
### 《이기적 유인원》/니콜러스 머니

　6월의 폭염이 기승을 부린다. 폭염에도 사람들은 분주하게 자신의 길을 간다. 오직 앞만 보고 직진한다. 우리 인간은 태생부터 앞만 보고 달리게 되어 있는가. 너무 이기적이어서일까. 나도 그런가. 반문해 본다.

　자신에 대한 자기애를 강하게 어필하는 사람이 있는데 그런 사람을 나르시시스트라고 한다. 21세기에 들어서며 집단 지성은 바닥으로 떨어지고 사람들은 오로지 자기 자신에만 매몰되어 가고 있다. 자신만을 위해 에너지를 낭비하는 호모 에티쿠스 또는 호모 나르키소스, 즉 자기 중심적인 인간이 되어가고 있다.

　니콜러스 머니는《이기적 유인원》을 통해 인간은 인간만을 위한

이기적인 진화를 나르시시즘에 빗대어 비판하는 글을 썼다. 1758년 칼 린네는 아프리카 유인원을 '호모 사피엔스(지혜로운 사람)'라는 학명을 붙여 영리한 존재라고 불렀다. 인간은 역사의 전반에 그러한 망상에 빠져 특별한 존재라고 자찬을 해왔다. 터무니없는 착각에 빠져 생물학적 세계에서 인간이 우월하다고 주장을 하고 인류의 미래는 더 잘살 수 있다는 자만을 갖기에 이르렀다. 급기야는 인간이 가질 수 없는 능력을 지닌 신과 동일하게 생각하는 곳까지 이르게 되었다. 새로운 차원의 '호모 데우스'로 살아가겠다고.

나르시시스트는 나르시시즘(Narcissism, 自己愛) 생각을 가진 사람을 의미하는데 그리스로마 신화에서 유래했다. 잘생긴 청년 나르키소스를 보는 사람마다 마음을 빼앗겼다. 그는 열여섯 살이 되었을 때, 이미 건장하고 아름다운 외모로 뭇 여성의 사랑을 받고 있었다. 그의 사냥하는 모습을 본 에코(Eco)라는 여인은 그에게 빠지고 말았다. 에코는 남이 말을 해야 비로소 말을 할 수 있는 요정이었다. 헤라가 제우스의 불륜현장을 습격하려 할 때마다 수다쟁이 에코가 나타나 방해를 부렸다. 화가 난 헤라는 에코를 남이 말할 때만 말하게 하는 사람으로 만들어버렸기 때문이다.

에코는 나르키소스에 계속 접근해보지만 거절당하고 말라죽고 말았다. 나르키소스는 다른 요정들의 사랑도 모두 거절했다. 그러자 한 요정이 보복의 여신 네메시스(Nemesis)에게 그도 사랑의 아픔을 알게 해주라고 부탁했다. 네메시스는 나르키소스를 홀로 숲속에서 샘물을 바라보게 만들었다. 그는 물속에 비친 자신의 아름다운 모습에 자아도취되고 말았다. 멋진 자신을 사랑할 수 없음에 괴로워하며 물속으로 들어갔다. 그가 죽은 자리에 속이 노랗고 하얀 '나르키소스 꽃'이 피어났다. 그리스어로 '자아도취'라는 꽃말을 가진 수선화였다.

 자기애를 뜻하는 나르시시즘은 남을 고려하지 않고 자신만을 생각하는 것이다. 지나치고 거기서 더 나아가면 정신분열증, 편집증에 이르고 나르키소스처럼 죽음으로 이어질 수도 있다.

 우리는 지구에서 생존을 하고 다시 흙으로 돌아가는 존재이다. 미생물에서 기인하여 인류가 되어 지구를 잠시 빌려서 살고 떠나간다. 그러니 후손들과 만물들이 살아갈 지구를 훼손하지 말고 원형을 남겨주고 떠나야 마땅하지 않은가.

 그런데 지구의 현실은 심각한 수준이다. 인구는 폭발적으로 증가하고, 편리한 삶을 위한 난개발로 지구는 멍들어가고 있다. 2050년에는 인구가 100억 명을 넘길 것이란 전망이다. 많은 인간들의 무절제함이 지구멸망의 시간을 빠르게 앞당기고 있다. 공기가 오염되고, 탄소배출량이 증가하고, 밀림은 줄어들고, 초지들마저 사막화가 되어가고 있다. 온실가스 증가로 지구를 둘러싼 오존층 파괴도 빨라지고 있다. 오존층을 통과한 햇빛은 기온을 상승시키고 있다. 이로 인한 홍수, 폭염은 더 강하게 지구를 덮치고 있다. 이번 여름도 지구 곳곳에서 폭염, 물난리, 혹한을 심하게 겪고 있다. 어떤 소설가는 일간지 칼럼에 '이번 여름이 가장 짧은 여름이 될 것'이라고 썼다, 기후는 더 포악해질 거라며. 2차 피해로 농작물은 가뭄에 말라 죽고, 어장은 파괴되고, 야생동물과 미생물의 개체수는 급격히 줄 것이다. 지구 온도의 상승은 만년설을 녹이고 해수면은 급격히 상승하게 할 것이다.

레이첼 카슨은 《침묵의 봄》에서 지구가 오염되어 서서히 죽어가고 있다며 환경정화운동을 강조했다. 인류가 무분별하게 살아오는 동안 지구는 무자비하게 파괴되었다. 이는 기업만의 일이 아니다. 모든 인간이 지구파괴의 주범이다. 존 밀턴은 《실낙원》에서 창세기의 얘기를 재구성하여 경고했다.

> 처음으로 하나님을 거역한 인간이
> 금단의 열매를 맛보면서
> 세상에 죽음과 온갖 재앙을 일으키고
> 에덴까지 잃고 말았으니…

한번 맛본 달콤함은 되돌리기 어렵다. 지구는 점점 더워지고 있지만, 욕심쟁이인 인류는 자신을 스스로 궁지에 빠뜨리는 일을 멈추지 않고 있다.

지구보존을 위한 노력을 기울인다면 멸망을 막을 수 있는 시간이 얼마는 남아있다. 《침묵의 봄》으로 살충제 사용을 저지하여 지구환경을 지켜왔듯이 이 책의 역할을 기대한다. 이제는 이기적인 생각은 접어두고 호모 데우스도, 호모 사피엔스도, 이기적 유인원도 아닌 자연의 사람으로 살아야 한다. 후손들이 이 땅에서 안전하게 살 날을 보장하는 일이라 생각된다.

## 제5부

# 그리운 추억

횡계리의 그 여름
도서관 가는 길
가마우지의 행태
금식이 형
꿈
굿 샷 인생
나 떠나는 날에는 · 2
나의 운전 실수담
향기 나는 삶
코로나시대 주거 형태의 변화

## 횡계리의 그 여름

6월 날씨가 예사롭지 않다. 삼복더위가 무색하다. 장마도 오기 전인데 폭염이라니. 나는 더위를 잘 견디지 못한다. 땀을 많이 흘리는 체질이라서 더 그렇다. 이런 날씨에는 시원한 곳이 그저 무릉도원이다.

그런 곳이 있었다. 여름나기에 최적의 조건을 갖춘 곳, 강원도 횡계리이다. 오래전 거기에서 4년간 호텔, 스키장, 골프장 등 리조트 건설공사를 한 적이 있다. 떠나온 뒤에도 더운 날이면 그곳으로 피서를 가기도 했다. 이제는 멀기도 하고 손수 운전하기가 어렵다 보니 거기까지 가는 게 쉽지 않다. 코로나 팬데믹 이후로 어떻게 변해 있을지도 자못 궁금하다. 지구 온난화로 기온이 매년 다르게 치솟는 추세이니 거기도 기온이 상승하고 있을지? 그곳은 아무리 더워도 더위를 느끼는 날은 일 년에 고작 일주일 정도였다. 그렇게 덥다고 느껴지지 않은 더위였다. 모기조차 살지 못하는 곳이었다. 한여름에도 한기가 밀려와 두꺼운 이불을 덮고 자야 했다.

횡계리에서 바라보는 대관령의 여름날 아침은 신선이 행차하는 길이었다. 뭉게뭉게 운무가 산허리를 휘감고 유유히 흘러갔다, 느리게 또는 빠르게 이동했다. 안개는 신선의 시간에 맞춰 속도를 조절하는 것만 같았다. 정조대왕이 수원 화성으로 행차하는 행렬의 흐름 같기도 했다. 유유히 흘러가는 운무가 심할 때는 100m 앞도 분간 못할 지경이었다. 동네 사람들은 신선이 코앞으로 지나가는 날이라고 했다. 그런 날들도 장마철로 접어들면 먹구름으로 변하여 하늘을 뒤덮곤 했다.

우리나라 7월 초는 장마의 절정이다. 어떤 해는 마른장마의 더위가 사람을 지치게 했다. 중동에서 귀국했던 때가 바로 마른장마시즌이었다. 내게 그 여름 서울의 더위는 사우디아라비아보다 오히려 견디기 어려웠다. 고온다습한 날씨는 끈적거리고 무더웠다. 사막지역은 기온이 높아도 그늘에 들어서면 뽀송뽀송하여 상쾌했다. 국내에 돌아와 맞은 서울의 여름은 흥건하게 흐르는 땀에 젖어 영락없이 물에 빠진 생쥐 꼴로 지내야 했다.

그런 터에 횡계리로 갔으니, 발왕산을 타고 내려온 시원한 바람이 오죽 좋았을까. 해가 기울면 한기가 밀려왔다. 사우디의 불볕더위도, 서울의 끈적끈적한 장마도 먼 곳의 일인 듯했다. 객지이건만, 시간이 지나며 그곳에서의 삶에 점점 정을 붙이게 되었다. 여름밤은 서늘하여 책을 읽어도 좋은 시간이었다. 일과 후는 직원들과의 저녁 회식으로 이어지고 2차 술자리도 잦았다. 술을 좋아하지 않는 나는 대부분 식사를 끝내고 직원들끼리 노는 틈에서 조용히 빠져나왔다. 숙소에서 책이나 TV를 보며 하루를 마무리하는 게 보통이었다. 실은, 본다기보다 그냥 멍한 시간으로 흘려보냈다. 그때는 명상을 했다고 생각했겠지만 요샛말로 한다면 '멍때리기'의 시간이었다. 생각 없이 앉아 있었던 텅 빈 멍한 시간들이었다.

회상해 보건대 애잔하기도 하다. 그래도 헛된 시간만은 아니었던 것 같기도 했다. 불혹의 나이에 나를 알아가는 시간이기도 했다. 나를 가르치는 건, 말없이 흐르는 시간이라는 생각을 해본다. 법정 스님도 "시간은 나의 스승이다. 언제부턴가 흐르는 시간을 통해 삶의 답을 찾아가고 있다. 어제의 시간은 오늘의 스승이었고 오늘은 내일의 스승이 될 것이다."라는 말을 남겼다.

덥다. 근래에 겪는 여름 더위는 예전의 더위에 비할 바가 아니다. 점점 견디기 힘들게 한다. 예전의 더위는 쉽게 망각을 해서인지도 모르겠다. 그래서 사람을 망각의 동물이라고 하는가 보다. 조선시대 사람들도 맞이하는 더위가 제일 덥다고 생각했었나 보다. 조선 중기 실학자이자 서예가인 성호 이익은 몹시도 무덥던 날(苦熱)을 이렇게 시에 담았다.

年年人道熱無前(연년인도열무전)

해마다 사람들은 전례 없는 더위라고 말하는데

卽事斟量也似然(즉사사량야사연)

눈앞의 일을 보며 생각하면 또한 그런 듯하네

自是凡情忘過去(자시범정망과거)

본디 보통사람의 생각은 지난 일을 잘 잊지만

天心均一豈容偏(천심균일기용편)

하늘의 마음은 공평한데 어찌 치우침을 용납하랴?

다가올 삼복더위를 어떻게 견뎌야 할지, 새삼 횡계리의 그 여름이 그립다.

# 도서관 가는 길

집에서 20분, 도서관으로 향하는 발걸음이 가볍다. 천천히 걸으며 빌릴 책 내용을 상상해 보곤 한다. 어떤 책은 궁금해서 가슴이 설렌다. 어떤 책은 스토리를 알기에 더 빨리 만나고 싶다. 진열대에 다가가면 욕심이 앞서 혼란스럽기도 하다. 앞에서 머뭇대면 책들은 아우성친다. "나요, 나요. 읽어 주세요." 이들을 뒤로하고 책 세 권을 가방에 담는다.

오래전 일산의 도서관에 다니며 인근지역 파주 헤이리 예술인마을에 간 적이 있었다. 그곳은 우리나라 최대 규모의 출판단지와 예술인마을이 공존하고 있다. 출판단지에는 규모가 큰 도서관 '지혜의 숲'이 있다. 지혜의 숲에는 넓은 방마다 방대한 양의 책이 장작

더미처럼 **빽빽**하게 천정까지 꽂혀 있다. 저명인사들이 기증한 책들이라고 들었던 기억이 난다. 이들을 보며 민음사가 출판한 모든 책을 사서 쌓아놓으면 배부를 것 같다는 상상을 했었다. 세월이 더 지나고 읽기가 힘들어지면 민음사 전집을 지혜의 숲에 기증하고 떠나도 좋으리라.

도서관 책장에 가득한 책들을 둘러보노라면 기분이 좋아진다. 책 제목을 보는 것만으로도 우주를 여행하는 것처럼 신비롭고 설렌다.

그런데 나의 서재에 들어서면 방안의 책들이 또 말을 걸어온다. "우리는 눈맞춤도 안 해주고 도서관만 들락거리느냐."고. 선물로 받은 책, 사위가 사준 책 등 방안에서 잠자고 있는 책들도 많다. 그런가 하면 도서관에서 빌려다 놓고 2주간을 넘기는 책도 허다하다. 반납 예정일 연락을 받은 후에 또 1주일 연장을 걸기도 한다. 읽기와 포기의 기로에 선다.

이는 나의 책 읽는 습관 탓에 기인한다. 언제부턴가 빨리 읽기를 못하기 때문이다. 수필 쓰기를 하면서 더 느려졌다. '휘리릭' 읽어낸 책은 둔한 내 머리로는 감당이 되지 않는다. 게다가 눈은 침침해져 깨알 같은 글자를 읽어내기도 쉽지 않다.

책을 사 수집하는 일이 읽고 소화하는 속도를 능가해 버렸다. 그래도 책 사재기는 끊임없이 이어진다. 비상식량을 모으는 것처럼 멈출 수가 없다. 서가書架 어디선가 또 새 책을 샀느냐는 호통 소리가 들리는 듯하다. 언제부턴가 책을 사들이는 게 습관이 되었다. 책을 많이 사 모은다고 지적 수준이 올라가는 것도 아닌데 계속 사들인다. 친구 중 한 분은 나보다 책 수집벽이 한 수 위다. 신간이 소개되거나 책 소개란 베스트셀러에 오른 책들을 수석을 수집하듯 사 모은다.

나와는 반대로 속독으로 읽어내니 독서량도 방대하다. 나는 절대 그렇게 읽어내지 못한다. 나는 읽은 책은 간단하나마 리뷰를 기록해 놓다 보니 더 느려졌다. 친구는 리뷰를 쓰는지 얘기를 나눈 적은 없다. 리뷰가 없다면 건망증이 트레이드마크인 내가 글을 쓸 때 참고거리를 어디서 찾을까. 금방 본 것도, 들은 것도 돌아서면 잊어버리니 궁여지책으로 읽은 흔적을 적어 놓을 수밖에 없다.

언제 읽었는지 또는 읽은 사실조차 모르는 경우도 발생하고 있다. 그렇더라도 읽는 순간은 새로운 세상을 볼 수 있고 뿌듯한 성취감도 맛볼 수 있어 계속된다. 책은 방대한 지식 창고이기에 선과 비정상의 판단 기준이 되는가 하면 기쁨도 감동도 주는 친구이다. 마음이 우울하고 아플 때 안아주고 위로해주고, 차고 넘칠 때 진정시켜주는 진정제이기도 하다. 당장 읽지 않고 옆에 두고만 있어도 든

든한 친구가 되어 준다. 책을 다량 구매하는 친구도 그런 마음에서 책을 사고 있을까.

한편, 쌓아만 놓고 안 읽으면, 책을 모독하는 것이 아닐까 하는 생각이 들어 책 수집은 당분간 멈추고 싶기도 하다. 쌓아놓은 책부터 읽은 뒤에 사도 되는 일인데 인터넷으로 또 한 권을 신청한다.

이제 책에 대한 소유욕보다는 한 권이라도 차근차근 읽어내고 싶다. 한 권을 읽고 나면 그 감동에 이끌려 얼른 다른 책을 읽고 싶어지는 건 어인 일인가. 세상에는 얼마나 많은 책들이 있고, 앞으로도 홍수처럼 쏟아져 나올 것인데…. 아무튼 책은 소유하든 읽든 다다익선이라는 생각으로 정리해 본다. 그래서일까 책 사는 습관도 멈출 수 없다. 수집이 읽기보다 중요한 게 아닐지라도 사 모으고 싶다. 수집만큼 읽기도 게을리하지 않고 싶은데 장담하기는 어렵다.

도서관에서 빌린 책을 꺼내서 펴든다.

## 가마우지의 행태

봄인가 했더니 어느새 더위가 찾아왔다. 수원 인근의 서호 둘레에 늘어선 벚꽃을 즐기려던 4월 초 어느 날이었다. 예년 같으면 벚꽃이 한창일 때인데 이미 다 지고, 도화 산당화 등 새 꽃들이 한창이었다. 호수를 한 바퀴 도노라니 몇 백 년은 됨직한 소나무와 팽나무가 봄의 전령인 듯 푸른 잎으로 단장하고 서 있었다. 물새들이 유영하는 호수는 큰 나무와 잘 어울리는 풍경이었다.

걷는 동안에도 많은 새들이 물위를 비상하는가 하면 물속을 들락거리기도 했다. 원앙, 물오리, 물닭, 가마우지 등이 공생하고 있었다. 수원 농촌진흥청 앞, 다리 위에서 내려다본 호수에는 잉어들이 한가로이 유영하고 있었다. 보이지 않는 수많은 물고기도 살고 있으리라. 까마귀, 까치, 직박구리는 호수의 마이너들인가. 주변의 나뭇가지만 맴돌고 있다. 물을 점령한 메이저들만의 천국인 듯했다. 비가 지나간 아침이라 시원한 바람은 얼굴을 부드럽게 스치며 지나갔다.

 넓은 호수 가운데에는 타원형의 섬 하나가 자리하고 있다. 나무들은 벌써 초록 잎을 피우고 있는데, 섬 안의 나무들은 모두 허옇게 보였다. 시력이 좋지 않아 선명하지는 않았지만 검은 물체들의 움직임도 희미하게 보였다. 김 박사는 수천 마리는 될 것이라고 했다. 그들은 거기에서 호의호식하며 살고 있다고 했다. 우짖는 소리는 군중들의 만세함성을 방불케 했다. 시간이 지날수록 공포의 소리로 들려왔다. 호수를 돌다보니 섬 안을 관찰할 수 있는 망원경도 설치되어 있었다. 이를 통해 바라본 검은 무리는 실로 어머어마했다. 섬 안의 나무들은 새들의 배설물에 의해 허옇게 말라죽어 있었다.

 서울 한강의 밤섬에도 민물가마우지가 서식하고 있어 나무들이 고사하는 것을 막기 위해 공원 관리원들이 배설물 세척에 나섰다고 한다. 겨울철새였던 민물가마우지가 텃새로 자리 잡고 개체수가 급격히 늘어나며 일어난 현상이다. 이로 인해 최근에는 민물가마우지를 유해 야생종으로 지정해 개체수를 제한해야 한다는 주장까지 나오고 있다. 우리나라에 1900년대에 2백7십 마리였던 민물가마우지가 작년에는 4만 8천 마리나 서식하고 있다는 통계를 접했다. 전문가들은 이들이 증가하는 이유로 지구온난화를 꼽는다. 갈 곳을 잃은 가마우지가 이제는 보호종이 아닌 천덕꾸러기가 되었다. 인간들의 걱정과 달리 그들은 지극히 한가로워 보였다. 호수는 그들의 낙원인 듯했다.

우리나라에 서식하는 가마우지는 민물가마우지 외에도 세 종류가 더 있다. 그중에 민물가마우지는 주로 강이나 강 하구, 호수, 하천 등에 서식하는데 개체수가 급증하여 사회적 문제가 되고 있다. 먹이사슬을 교란시켜 어류가 줄어들고 수서곤충水棲昆蟲이 급증하여 생태계가 교란되고 있다. 가마우지 배설물로 인한 산성화 피해는 환경문제로 번져가고 있다.

그뿐만 아니라 어민들에까지 피해가 번져가고 있다. 가마우지 성체 한 마리가 하루에 1kg 이상 물고기를 먹어 치운다고 한다. 충북의 어느 호숫가의 어부는 연간 15t이었던 어획량이 이제는 1t도 안 된다고 하소연한다. 황소개구리보다 생태계를 더 파괴하는 무법자가 되었다고 한다.

그런데 오늘날까지도 중국, 동남아 일부와 일본에서는 가마우지를 이용하여 물고기를 잡는다. 어부들은 가마우지에 목줄을 매어 물고기를 삼키지 못하게 한 후, 잡은 물고기를 빼앗는 것이다. 물고기를 잡고 나면 가마우지의 목줄을 풀어주고 먹이를 준다. 물고기 잡이에 이용된 가마우지는 주인이 주는 먹이를 받아먹으며 살아간다. 가마우지는 많은 물고기를 잡아주며 친근해져서 풀어놓아도 도망가지 않고 주인에게 충성한다. 검은 옷을 입은 새라는 뜻의 '가마우지'는 수영과 잠수가 능하다. 잠수를 할 때는 먼저 몸의 절반을 수면 위로 노출시켰다가 공중제비를 돌듯 입수하는 폼은 일품이 아닐 수 없다.

가마우지의 이런 특성처럼 남을 이용하여 살아가는 사람이 많은 세상이다. 다른 사람을 이용하여 본인 노력은 없이 부당하게 이득을 취하는 사람들. 가마우지를 이용하는 사람들이다.

요즘 정치인들을 볼라치면 가마우지에 기대는 사람이 너무 많다. 자신의 이익만을 위해 권모술수와 사기로 남들을 이용하는 일이 매일 보도되고 있으니 한심하다. 이는 가마우지의 우직함에는 한참 못 미치는 저질이 아닐 수 없다.

'가마우지 경제'라는 용어도 쓰이고 있다. 천연자원과 기술이 부족한 나라가 원자재를 수입하여 조립, 수출하는 형태의 경제를 가마우지가 물고기를 잡는 기술에 비유하는 말이다. 완제품 수출의 과정을 거치는 중간가공 국가(가마우지)가 원자재와 부품을 조달하는 국가(어부)에게 무역이익(물고기)을 상당수 빼앗기는 형태이다. 천연자원과 기술이 절대적으로 부족했던 우리나라가 가마우지 경제를 통하여 성장해 왔다.

 주인에게 얽매인 가마우지는 사람에게 양보하며 살았지만, 언젠가는 자신들이 온전히 포식하며 살아갈 수 있기를 꿈꾸었을까. 이제 가마우지는 꿈을 실현한 것인가. 일부 위정자들의 형태를 보는 것만 같다. 도처에 가마우지라, 개탄스럽기 그지없다.

## 금식이 형

　오늘은 6·25전쟁 발발 74주년 되는 날이다. 아침부터 카톡 소리가 요란하다. 지인들이 보내오는 6·25 당시의 실상들이나 호국영령들을 기리자는 영상과 사진들이 쏟아진다. 퍼 나르는 내용의 카톡은 별 관심이 없는데 우연히 눌러본 한 영상이 나의 눈길을 끌었다.
　8사단 10연대의 6·25전쟁 당시 영상이었다. 배경음악으로 흐르는 가곡 〈비목〉이 당시의 상황을 한층 실감하게 했다. 백석산 전투를 치르고 양구 어은산 인근에 주둔한 장면에서부터 먹먹해 오기 시작했다. 이 전투에서 아군 244명이 전사했고 14명의 실종자가 발생했다. 1,000여 명이 부상을 입은 참혹한 격전이었다. 국군의 눈부신 활약으로 적군의 피해는 훨씬 더했다. 적군 1,460명이 사살

됐고 101명이 포획됐다. 이틀간의 치열한 전투 끝에 백석산을 아군이 점령했다.

나는 전투과정에서 발생한 아군 실종자 14명에 눈길이 멈췄다. 이들은 전사했을지, 적의 포로가 되었을지 생사가 분명치 않다. 추측건대 괴뢰군의 포로가 되었을 것이란 생각이 더 들었다.

영상의 국군 포로들이 내 가슴을 더 아리게 했다. 내게 남아있는 상흔 때문이었을 것이다. 전쟁이 치열하던 시기에 병력이 모자라다 보니 청년들은 말할 것도 없고 학생들까지 학도병으로 차출되었다. 나의 큰형, 외사촌형을 포함하여 동네 청년들도 거의 징집되었다. 전쟁이 잦아들며 제 발로 걸어서 돌아오거나, 부상병으로, 또는 유해로 돌아오기도 했다. 그중에 외사촌형만은 끝내 돌아오지 못했다. 나중에 안 일이지만 적에게 끌려갔다고 했다. 그 이름, 금식이형! 1932년생인 금식이 형은 철원의 어느 전투에서 격전을 벌였는데 후퇴의 때를 실기하여 적의 포로가 되었다고 했다. 혹시 영상에서 본 백석산 전투에서 생포되지 않았을까 하는 생각을 잠시 해보았다. 아직도 확인을 할 수가 없으니 안타까울 뿐이다. 지금도 어딘가에 살아있을 것이라고 믿고 싶다.

6·25사변은 1950년 6월 25일 그것도 일요일 새벽을 틈타 북한이 기습적으로 남침한 전쟁이었다. 수많은 유엔군까지 참전하여 도와

주었지만 참담한 피해를 입었다. 통계에 의하면 국군 참전 인원은 정확지는 않지만 100만 명이 넘을 것이란 추정이다. 그중에 사망한 국군이 14만여 명, 전쟁 포로가 되거나 실종된 사람도 수만 명이나 되었다. 많은 포로 중의 한 명이 금식이 형이었으니.

오늘 신문기사에 '국군포로 후손이란 이유로…'라는 글이 실렸다.

"6·25전쟁 때 대한민국이라는 나라가 지도에서 사라졌다면, 우린 아오지탄광의 암흑에 갇혀 삶을 끝내야 했을 겁니다." 서울 동작구 국립서울현충원에서 기자가 탈북민 모녀를 만났다. 모녀는 아버지이고 외할아버지의 가묘 격인 현충탑에 참배했다. 유기준이란 이름을 보며 눈시울을 붉혔다.

유 씨는 1926년 전북 익산에서 태어나 6·25전쟁에 참전했다. 가장 치열했던 철의 삼각지(철원, 금화, 평강) 전투에 참전해서 화랑무공훈장을 받기도 했다. 1952년 교전 중 북한 인민군에 의해 포로로 끌려갔다. 그는 평생 아오지탄광에서 노역을 하며 죽지 못해 살다가 고향땅을 밟아보지도 못한 채 1990년 숨을 거두었다.

'괴뢰군 포로' 낙인이 찍힌 가족들의 삶은 고난의 연속이었다. 딸 유 씨는 교사가 꿈이었지만 '반동의 피'란 이유로 아오지탄광에 끌려가 강제노역을 당했다. 기회를 엿보던 유 씨는 딸을 북녘에 놓아

둔 채 2004년 홀로 탈북했다. 손녀 장 씨는 '반동 포로와 탈북자의 후손'이란 이중 족쇄가 채워졌다. 그녀 역시 남의 집 식모살이 등을 하다가 고등학교 졸업 후에는 아오지탄광으로 끌려갔다. 그녀는 삶이 짐승보다 못했다고 술회했다. 12시간 이상 일하는 것은 물론이고 갱도에 차오르는 물 때문에 감전 위험으로 생명의 위협을 느끼면서 일을 했다고 했다. 화장실이 없어 폐광 구석에서 일을 보았으며 석탄마대를 메고 사다리에서 떨어져 허리를 다치기도 했다.

  2011년 한국에 정착한 어머니와 연락이 닿았고 마침내 감격의 재회를 맞았다. 장 씨는 2015년 통일부 산하의 법인 '프리덤 스피커즈 인터내셔널(Freedom Speakers Internationl, FSI)'를 통해 영어를 배웠다. 장 씨가 아오지탄광의 경험을 영어로 쓴 《검은 화장을 한 소녀(Girl with Black Makeup)》을 아마존에서 발매하고 있다. '검은 화장'이란 탄광에서 석탄 가루로 검게 된 얼굴을 뜻한다. "나는 검은 화장을 한 소녀였습니다. 국군 포로의 후예였고, 다른 길을 선택할 자유는 없었습니다." 장 씨는 이날 "대한민국은 내게 자유와 새로운 삶을 선물했다."며 "내가 원하는 삶을 살아갈 수 있다는 것이 여전히 믿기지 않는다."라고 했다. 지금은 간호조무사 자격증 시험 준비를 하고 있다. "나처럼 아팠던 이들을 보살펴주고 싶다."고 했다.

  오늘은 여러 곳에서 참전용사나 전몰자들의 숭고한 정신을 기리는 행사가 열리고 있다. 그런데 포로가 된 사람들이 잊혀가는 것이 안타까움을 더하고 있다. 74년이 흐른 지금은 살아있더라도 90이 훨씬 넘는 고령이다. 어떻게 어디에 살아 있든 남은 생이 행복했으면 좋겠다. 금식이 형님도 지금이라도 살아서 고국의 품으로 돌아온다면 얼마나 좋을까.

# 꿈

　동짓날이다. 이제 곧 크리스마스가 다가온다. 사람들은 하얀 눈이 내리는 크리스마스를 기대한다. 창밖에는 이미 함박눈이 내리고 있다. 폭설에 한파경보까지 내려졌다. 날씨는 영하 10도를 맴돈다. 지구온난화 영향인지, 예측할 수 없는 이상기후가 빈번하게 나타나더니 초겨울 기후마저 예측할 수 없다. 미국 어느 지역은 영하 50도까지 떨어졌다니, 상상이 되지 않는다.

　춥다고 웅크리고 있을 수 있나. 오후에 산책이나 하려고 방한모자에 고밀도 패딩을 입었다. 창밖을 보니 심하지 않던 눈발이 점점 세어지고 있다. 아이젠에 등산스틱까지 들고 나섰다. 눈이 내리는 날은 포근한 법인데 혹한이었다. 마스크 사이로 얼음조각 같은 냉기가 훅 파고들었다. 스틱을 짚고 우산을 쓰려니 바람이 마구 흔들어 댔다. 호수를 돌며 추위에 시달린 몸은 기진맥진이 되었다.

집으로 돌아오니 천국이 따로 없다. 거실의 따듯함은 나를 소파 위에 눕혔다. 나도 모르게 눈이 감겼다.

은행 건물공사현장으로 순간 이동한 나는 10층에서 점검을 한다. 그러다가 비계발판이 떨어져 나가며 공중으로 붕 떨어진다. 추락하는 시간이 왜 그리도 긴지, 한없이 아래로 내려갔다. 그런데 한참을 떨어지다 보니 현장이 아니라 북한산 향로봉에서 추락하고 있는 게 아닌가. 끝없이 추락한다. 계곡으로 떨어지기 직전 발을 구르니 다시 훨훨 날아올랐다. 안착한 곳은 이상하게도 공사현장의 야적장이 아닌가. "어떻게 사뿐히 지상으로 내려왔지? 참 이상도 하다."

놀라 눈이 번쩍 떠지고 깨어났다. 정신이 멍했다. 죽지 않았는데 가슴속에 고통은 그대로 남아있다. 보통 꿈에서는 추락하면 놀라서 괴성을 지르며 깨어나곤 했는데, 웬일인지 날아가며 위험을 모면했을까. 꿈이 아니었다면 어떻게 됐을까. 장자는 나비가 되어 날아다니는 꿈을 꾸었다던가. 나도 호접지몽胡蝶之夢을 꾼 것인가.

현실에서 이런 추락사고가 있었다면 몸보다 마음의 고통이 먼저 가슴을 파고들었을 것이다. 사람은 수많은 크고 작은 고통으로 상처를 받으며 살아가고 있다. 어찌 보면 우리네 삶은 고통의 연속이다. 고통은 참고 견디거나 이겨내야 하는 일이다. 고통을 이겨내는 방법을 아는 것은 인생의 절반은 성공한 것이라고 헤르만 헤세는 얘기하지 않았나.

헤세는 《삶을 견디는 기쁨》에서 인생은 만끽할 수 있는 기쁨이 아니라, 살아가면서 짊어져야 할 고통을 이겨내는 것이라고 했다. 그는 평생 동안 도를 닦은 노승의 해탈처럼 투명한 미소는 삶의 고통에 대한 오랜 사색에서 나온다고 했다.

'삶을 견디는 기쁨'은 '삶의 기쁨을 늘리려는 고통'이 아닐까. 헤세는 계몽주의 정신을 이어받았지만 삶을 기쁨으로 만드는 것은 우월주의 제국주의 사상의 고통에서 벗어나 자유롭게 사는 기쁨을 추구하는 것이라고 했다.

고통에서 기쁨을 찾아가는 길은 고통을 고통으로 여기지 말고 느끼며 살아가는 것이다. 길은 방법도 다양하고 누구와도 갈 수 있다. 그러나 마지막 고통의 한 걸음은 혼자 가는 길이다.

일상의 사소한 기쁨을 느낄 때 고통은 사라진다고 한다. 일상을 사랑하고 자연을 사랑하고, 느끼다 보면 한 그루의 나무와 한 뼘의 하늘은 어디서든 새롭게 느낄 수 있다. 아침마다 하늘을 쳐다보면 어느 날 문득 우리 주변을 에워싸고 있는 공기를 느끼고 산책길에도 신선한 아침의 숨결을 맛 볼 수 있다.

  지금까지 살아온 것은 어쩌면 남을 의식한 껍데기일뿐이다. 살아온 것이 긍정이었나, 나의 감각과 정신으로 살아왔나? 그렇지 못했다면 이제는 내면의 세계를 추구하고 자아를 찾아가야 할 때다. 죽은 후에도 잊히지 않을 자신만의 길을 걸어가다 보면 오랫동안 자타의 기억에도 남을 것이다. 그런 후에 나의 기억에서도 희미해지면 꿈이 깨기 전에 자연으로 돌아가리라.

> 고마운 마음으로 우리는 떠나야 한다.
> 세상은 우리에게 기쁨과 고통을 주었고
> 많은 사랑을 주었다.
> 세상이여, 안녕.

  꿈에서 깨어보니 고통을 견디는 기쁨을 예시한 듯하다. 언제일지 모르지만 고통을 뒤로하고 세상과 안녕을 고하리라.

## 굿 샷 인생

　지난밤에 무슨 일이 있었을까. 이른 아침, 잠이 덜 깬 채 습관대로 핸드폰을 켰다. 가족 대화방에 뉴스가 올라와 있었다. 별것 아니겠지 하며 들여다보는 순간 눈을 의심했다. 희미하지만 분명 L 장로의 모습이었다. 무슨 일이 있나? 생의 마지막 단계에 접어든 지 수 주일이 지났기에 그랬다. 최근 십여 일은 연락마저 닿지 않아 회원들이 발을 동동 구르고 있던 터였다. 올라온 기사가 좋은 소식이었으면 좋으련만 왠지 모를 불안한 예감이 스쳐갔다.
　클릭해 보니 예감대로 L 친구의 '별세 소식'이었다. 기사는 지난밤 늦게 타전된 것이었다. 어제 나는 L이 몹시 그립고 궁금하여 그에게로 달려가고 싶은 마음을 애써 눌렀다. 좋아졌다는 연락이 오기만을 기다리며 안타까운 나의 마음을 단톡방에 올렸다. "장로님, 건강은 어떠신지요? 회원 모두가 많이 염려하고 있습니다. 신 권사님께라도 연락이 닿으면 좋겠습니다." 인간의 영감이란 참 묘하다. 그때 바로 그가 먼 길 떠날 채비를 하고 있었다니….

그는 며칠 전 블로그에 '죽음의 문턱/ 새로운 아침'이란 글을 초췌해진 사진과 함께 올렸다. 그래도 블로그에 글을 올릴 정도의 마음의 여유가 있었나 보다.

"아침에 눈을 뜨니 햇살이 환하게 비치는 창문이 보였다. 수면제의 힘을 빌려 열 시간을 푹 잔 뒤라 기분은 상쾌했다. (중략) 그런데 어제 오전에 들어온 환자의 침대가 없다. 얼마 후 빈 침대만 덩그러니 돌아왔다. 4인실 방에서 5번째이니…."

생과 사가 교차하는 갈림길에서 맞는 아침은 어떠했을까. 곁에서 각기 다른 모습으로 생을 마감하는 사람들을 보면서 자신을 반추해 보았을 것이다. 놓기 싫지만 놓아야 하는 현실의 마침표를 찍고 싶지 않았을 것이다. 더는 견디기 힘들어하며 이승과 저승이 혼재해 있는 호스피스 병실을 도망치듯 뛰쳐나와 집으로 향했다고 했다. 독실한 믿음과 기도로 하나님께 의지하며 살아온 그였지만, 막상 떠나는 마당에는 삶의 가냘픈 끈이라도 붙잡고서 하고픈 일을 이어가고 싶다고, 유언처럼 글을 썼다. 그동안 기도해주신 분들께 감사드린다는 끝부분에서는 차마 눈길을 거둘 수 없었다.

우리는 낙타도 눈을 뜨지 못할 정도로 모래폭풍이 휘몰아치던 중동의 사막에서 만났다. 모래바람이 부는 날은 숙소 막사 안에도 모래가 수북이 쌓였다. 그렇게 한치 앞도 볼 수 없는 극한상황이다 보니 서로 의지하면서 우정이 쌓여갔다. 다른 직원들도 마찬가지였다. 전쟁터의 전우들 이상으로 가깝게 지냈다. 그러다가 현장이 마무리되고 본사로, 국내로, 다시 해외로 각자 흩어졌다. 그렇게 20여 년이 지난 어느 날, 누군가의 제안으로 뜻이 맞는 몇 명이 다시 모이기 시작했다. 그렇게 시작한 모임은 시간이 흐를수록 추억을 더해가며 공고해졌다. 모임의 횟수를 거듭할수록 정이 깊어져 가족들까지 교류하며 이웃사촌 아니, 그 이상으로 결속을 다지게 되었다. 각자의 일로 바쁘다 보니 만나기 어렵던 시절이 있기도 했다. 그렇게 또 세월이 흐르고 여덟 명만이 남게 되었다. 그럴수록 좋은 일, 궂은일도 나누며 더욱 돈독하게 지냈다. 여행이나 현장 순회도 함께했다. 금강산관광을 필두로 백두산을 비롯한 여러 나라를 여행했다. 더해서 골프도 곁들이게 되었다.

골프가 한창 들불처럼 유행하던 시절이었다. 우리도 시류에 편승하여 자주 라운딩을 하게 되었다. 골프장을 오가는 동안 주된 얘기는 '꺾어지는 나이이니 건강을 유지하고 웰다잉을 준비하며 행복하게 살자.'였다.

골프를 즐길 때는 서로 경쟁자가 되기도 했다. L은 드라이버 타격 거리가 좀 긴 편이었다. 어쩌다 내가 잘 맞으면 조금 더 나가기는 했으나 대부분은 그의 우세였다. 어느 날, 열세를 만회할 심산으로 그가 타석에 올라서자 나는 뒤에서 미리 "굿 샷!"하고 큰 소리로 방해공작을 폈다. 그의 공은 여지없이 오비가 나고 말았다. 나는 또 한 번 '굿 샷'을 외쳐 약을 올렸다. 그는 잠정구를 치겠다고 했다. 잠정구 역시 오비. 그도 내가 타석에 서면 더 방해공작을 펼쳤지만 공은 똑바로 날아가 페어웨이에 안착했다. "오늘 밥값만 내면 되겠다."며 더 약을 올려댔다. 그래도 대부분 최종 점수는 막상막하였다.

그렇게 즐거운 시간을 나누다가 우리는 또 헤어져야 했다. 철원 한탄강CC에서의 라운딩을 마지막으로 그는 늦은 나이임에도 사명감에 불타서 선교활동을 한다며 카타르로 떠났다. 회원들의 만류에도 불구하고 오로지 선교만이 전부인 듯했다.

칠십이 다 되어 떠난 열사의 나라에서 들려오는 소식은 신통치 않았다. 4년이 지나면서 귀국한다는 소식이 왔다. 이어 입원했다는 비보가 뒤따랐다. 복수를 3,500CC나 뺐다더니 결국 폐암 4기 진단이 내려졌다. 나로선 난감할 뿐이었다.

그러나 굿 샷을 날리던 그는 임상시험 시약으로 치료를 받는 등 최선을 다해 투병하기 시작했다. 6개월이 시한이라는 의사의 말이 무색하게 투병과정에서도 굿 샷을 날리며 4년여를 버티었다. 새로운 항암제로 바꿔가며 130여 차례나 항암치료를 받으며 또 4년이 흘렀다.

그는 본인의 투병에서만 굿 샷을 날린 게 아니라 폐암환우협회를 결성하여 절망에 빠진 동병상련의 환우들을 돕는 일에 앞장서기도 했다. 평창 동계올림픽이나 G20 정상회담 등 나라의 큰 행사가 있을 때마다 자원봉사에도 앞장섰다. 방송국이나 여러 교회의 초빙으로 간증에도 심혈을 기울였다. 최근 정부가 공감대를 얻지 못한 의대생 증원문제에 대해서도 의사와 정부 간에 조속한 타결을 촉구하는 시위에도 앞장섰다.

그러나 안타깝게도 병마는 온몸을 잠식하며 그를 수렁으로 밀기 시작했다. 급기야 더이상의 치료는 의미가 없는 지경에 이르렀다. 진통제만이 최선인 상태에서도 입·퇴원을 반복하며 5월쯤에는 내가 사는 천안으로 식당 투어를 오겠다던 그였다. 천안에 오는 것보다 천국이 더 급했었나 보다.

어제는 24절기 중 여덟 번째 절기, 소만이었다. 소만은 햇볕이 가득하고 만물이 점차 생장하여 생기가 가득 찬다는 절기이다. 굿 샷을 날리기에 좋은 계절이다. 이제 그는 온몸에 연결된 호스도, 수북하던 약봉지도 던져버리고 홀가분한 몸으로 떠났다. 천국에서 그가 굿 샷을 날리는 모습을 애써 상상해 본다. 언젠가 다시 만나게 되면 그때는 더 큰 소리로 진심의 굿 샷을 외쳐 보리라.

## 나 떠나는 날에는 · 2

설날이다. 변이에 변이를 거듭하더니 오미크론이란 놈으로 다가와 온 인류를 공포의 수렁으로 떠밀던 코로나19도 잦아들었다. 오랜만에 손자 손녀들까지 모이니 집안이 시끌벅적해졌다. 우리 부부는 점점 병력만 늘어가는데 세배하는 손자 규현이는 훌쩍 자라 제법 사내 티가 났다.

아들네와 마주앉았다. 역시 믿음직하다. 어렸을 때는 장난꾸러기로 학교에서도 소문이 났을 정도였는데 이제는 중년이 되어 어엿한 가장이고 직업인이다. 어느 누구에게도 그런 표현은 하지 않지만 잘 자라준 아들이 자랑스럽고 듬직하다. 손자 손녀들도 듬직하게 잘 자라주기를 소망해 본다.

갑자기 내가 어렸을 때 아버지 생각이 났다. 나의 가슴을 아리게 했다. 아버지도 우리를 사랑스럽게 키우셨을 텐데, 그때는 왜 눈치도 채지 못했을까. 모든 걸 받는 게 당연한 일처럼 여겼고 부모님의 마음을 헤아리지 못하는 철부지로 살았다. 부족함에 대한 불만만 가득했었다.

철이 들고도 막내라는 이유로 부모님을 제대로 모시지도 못했다. 해외에서 근무할 때, 머잖아 귀국하면 모시고 살아야겠다고 마음 먹었는데 나의 귀국보다 먼저 떠나셨다. 이제는 후회해도 소용없으니 회한의 눈물만이 앞을 가린다. 아버지의 세월을 지난 지금 나를 돌아본다.

아들과 대화 중에 나의 죽음에 대해 슬쩍 비쳤다. 나는 아직 돌아갈 곳을 정하지 못했다. 죽으면 흙으로 돌아갈 거 아무데면 어떠랴만, 아이들이 내가 생각날 때 접근하기 쉬운 곳에 한줌의 흙으로 묻히면 좋겠다는 내색이었다. 내가 먼 곳에 있어 아이들이 왕래가 불편하면 누워있는 내가 더 불편할 것 같아서다.

주위에 친구들이나 지인들이 밤새 유명을 달리하는 소식을 듣는다. 나도 언젠가 저렇게 하직할 것인데, 왠지 마음이 급해진다. 내가 살아서 교류한 가까웠던 분들 중에 부고를 전할 사람들의 목록을 정리해 놓아야겠다는 생각이 먼저 떠올랐다. 목록을 정리하는 일은 신중을 기해야겠기에 며칠은 걸려야 될 것 같다. 가능하면 널리 알리지 말고 몇몇 지인들에게만 전하고 싶다. 되도록 조용히 가고 싶다. 풍문으로 알고 찾아오는 분들도 있을 것이다.

상을 치르고 난 후에 자식들도 힘들겠지만 조문인사를 다녀간 모든 분들께 예를 갖춰 정중하게 인사를 전하라고 당부하고 싶다. 경황이 없어 인사를 못했다고? 안 될 말이다. 큰맘으로 조문 오신 분들을 서운하게 해드려서는 안 되지 않겠는가. 만약에 내 유족이 감사를 전하지 못하면 길 떠나는 내가 편히 잠들지 못할 것 같다.

다음은 나의 유품 정리이다. 유품이라야 복잡하지도 않다. 불필요한 것들은 몇 번의 이사 때마다 정리를 했기에 간소한 편이다. 그런데 불어나는 책이 문제렷다. 정리를 해도 1년이 지나면 서재의 한 쪽에 새 산더미가 생긴다. 그동안 써놓은 노트도 쌓여있으니 깨끗이 정리하고 떠나야 할 품목들이다. 옷가지나 생활용품도 마찬가지다. 많지 않은 유산이야 순리대로 나누어 주면 될 일이니 편히 떠나도 될 성싶다.

이제는 주님이 부르시면 얼른 일어설 것이다. 그런데 긴 병이라도 찾아와 몸에 착 달라붙어 같이 살자고 하면, 고통만 산처럼 쌓여 감당하기 힘든 지경이라면, 그때는 미련 없이 스위스로 날아가리라. '사전의료의향서'를 함께 작성한 친구와 이런 얘기를 자주 나누곤

했었다. 어떤 진통제로도 참을 수 없는 날이 오거나, 아들을 보고 아저씨는 누구냐고 묻는 날이 오면 삶은 '살아가는 것'이 아니라 '죽어가는 것'이다. 그때는 결단을 내려야 한다.

내가 알츠하이머병에 걸려 스스로 삶에서 떠나기를 선택한다면, 가족들은 나의 선택을 지지해줄 수 있을까? 인간으로서의 삶을 점점 잃어가기 전에 이승을 떠나겠다고 결심한다면, 그것에 동의하고 마지막 이르는 모든 과정을 함께해 줄 수 있을까?

알츠하이머 진단을 받고 두 발로 설 수 있을 때 스스로 떠나겠다는 남편의 이야기를 쓴 에이미 블룸의 《사랑을 담아》는 부부가 스위스 취리히의 '조력 자살(존엄사)' 기관 디그니타스로 가는 내용이다. 소설가 에이미 블룸은 약물을 스스로 마신 남편 브라이언의 옆에 앉아 그의 숨소리에 귀 기울였다. 숨소리는 고르게 변했고 이내 마지막 숨을 뱉었다고 곁에 있었음을 증명했다.

디그니타스로 가는 길은 절망일 텐데 책 제목이 《사랑을 담아》이다. 희망으로 가는 길이란 말인가. 할 일 다 끝낸 어느 날 예기치 않은 일로 이승을 떠난다면 오히려 행복한 종명일 것이란 생각이 들기도 한다. 고종명考終命이라고 했던가. 공자는 "미지생 언지사(未知生 焉知死), 내가 사는 것도 모르는 데 죽음을 어찌 알겠는가."라고 했다. 그래도 의식 없이 사는 생명의 연장은 단호히 거부하련다. 사전의료의향서를 쓴 까닭이다. 존엄하게 떠나고 싶다.

## 나의 운전 실수담

　며칠 전 서울 시청 앞에서 큰 사고가 발생했다. 순식간에 벌어진 일이라 믿기지 않았다. 역주행으로 인한 교통사고였다. 많은 사상자가 길가에 쓰레기더미처럼 널브러졌다. 참 안타까운 일이었다.
　저녁 9시 26분, 대부분의 직장인들은 퇴근하여 저녁식사를 마치고 가족들끼리 얘기꽃을 피우고 있을 시간이었다. 사위도 출퇴근길에 지나다니는 길에서 예상치 못한 사고가 발생하였다. 사위는 요즈음 야근을 자주 하던 터라 혹시 퇴근했을지 궁금하였다. 쉽게 연락이 닿지 않아 가족들이 걱정을 하고 있었다. 할 일이 많아 퇴근 전이라는 연락이 닿고서야 일이 많은 게 오히려 감사하다는 생각을 하며 가슴을 쓸어내렸다.

사고 차량은 조선호텔 지하주차장에서 올라온 제네시스 승용차였다. 지하 경사로에서 시속 50킬로미터로 올라왔다고 했다. 지상으로 올라오자 100킬로미터로 더 세차게 내달렸다고 하니 알 수 없는 일이었다. 그것도 일방통행 길로 역주행하여 달린 것이었다. 그래도 조심해서 비상등을 켜고 빠져나갈 수도 있는 상황이었을 텐데 어째서 그런 일이 벌어졌을까. 운전자에게는 그날의 일진이 안 좋았다는 생각이 들었다. 200미터를 순식간에 달려 나가 반대편 인도를 덮치고도 속도를 줄이지 못했다. 신호대기 중인 2대의 차량을 추돌하고서야 브레이크 등이 들어왔다.

건널목 앞에서 신호대기 중이던 사람들이 변을 당한 것이다. 열여섯 명의 사상자가 발생하였다. 근처의 은행에서 근무하는 직원들이 승진하여 지방으로 발령받고 축하하는 만찬 후였다고 한다. 서울시청 직원들도 있었는데 포상휴가 기쁨의 회식이 죽음으로 이어졌다. 또 대형병원 용역업체 직원 세 명도 퇴근길에 참변을 당했다. 참으로 황당하고 안타까운 일이었다.

어떻게 이런 사고가 태평로 한복판에서 일어났을까. 운전자는 나이 68세, 40년 버스 운전경력자였다고 하니 더 믿기지 않았다. 운전자는 차량의 급발진 사고였다고 주장하고 있다. 운전자가 잠깐 딴 생각을 했을까, 브레이크 등이 택시와 부딪치고 나서야 들어왔다고 목격자들은 얘기했다. 운전자는 브레이크가 딱딱해서 밟아지지 않았다고 했다. 그런데 급발진 사고였다면 어떻게 브레이크 등이 들어오고 차가 멈추었는지는 궁금한 대목이었다. 일반적으로 급발진 사고라면 차를 멈출 수가 없어 옹벽 같은 장애물에 충돌하고 나서 멈추는 게 대부분이다.

 혼자 조심스럽게 추측해 보건대 운전자의 순간적인 실수가 아니었을까. 브레이크를 밟아야 할 상황에 일방통행 차로에 접어들어 당황한 나머지 브레이크 대신 가속페달을 더 세게 밟은 것이 아닐까. 그 상황을 인식하고 브레이크로 발을 옮긴 후에는 이미 인도를 덮치고 차량을 들이받은 후였다. 국과수의 정밀진단이 밝혀내겠지만.

 나도 운전을 하며 역주행한 경험이 있었다. 서울에서 운전하며 출퇴근하던 시절의 일이었다. 제네시스 운전자가 그랬듯 일방통행로에 잘못 진입했었다. 반대 방향에서 마주오던 차량이 헤드라이트를 번쩍거렸다. 처음에는 '저 차가 왜 저러나?' 하고 눈살을 찌푸렸다. 그때 바닥의 일방통행 무늬가 달려들었다. '아차, 일방통행로에 잘못 들어섰구나.' 하며 아찔했다. 그런데 마주오던 차가 속도를 줄이며 다가오더니 오히려 빠져나갈 길을 알려주어서 안전하게 위기를 빠져나올 수 있었다. 그분이 얼마나 감사했던지. 서울시청 근처 사고를 보니 그때의 생각에 머리카락이 쭈뼛하고 일어섰다.

한번은 이런 일도 있었다. 태릉에서 영동교 방향으로 달리던 중이었다. 왕복 8차선도로 위에서 유유히 차량의 흐름을 따라 여유를 부리며 달리고 있었다. 휴일 오후 거리는 비교적 한산했다. 차량이 많지 않던 시절이라 앞차와의 거리도 여유로웠던 것으로 기억된다. 신호가 바뀌고 횡단보도에는 사람들이 건너기 시작하고 있었다. 나는 별생각 없이 가속페달을 밟고 있었다. 머리에는 다른 생각을 하고 있었던 모양이었다. 차는 이미 횡단보도에 접어들고 있었다. 그때서야 정신이 번쩍했다. 급브레이크를 힘껏 밟았다. 차는 앞으로 밀리며 옆으로 확 돌아서 멈추었다. 길을 건너던 사람들도 놀라서 혼비백산하고 흩어지는 찰나가 눈에 들어왔다.

순간, '살인을 냈구나. 이제 나도 죽었구나.' 하는 생각이 번개처럼 스쳤다. 그다음은 기억이 없다. 나는 운전대에 얼굴을 묻은 채 움직일 수가 없었다. 얼마의 시간이 지났을까. 고개를 살그머니 들어보니 사람들이 차안을 들여다보며 웅성거리고 있었다. 경찰차도 달려온 상황이었다. 한참 후에 정신이 돌아왔다. 나는 죽지 않았는데 행인을 치지 않았는지가 더 걱정이었다. 창밖을 보니 다친 사람은 없는 듯했다. "휴우." 죄인의 심정으로 살그머니 문을 열었다. 오히려 사람들이 박수를 치는 게 아닌가. 그들은 내가 죽은 줄 알았던 보양이었다. 요즘 같은 시절에 이런 사고를 냈다면 어떤 벌을 받았을지도 모르겠다.

  그 후로는 한동안 운전대를 잡는 게 겁이 났다. 운전을 안 할 수는 없는 상황이었기에 조심조심 차를 모는 방법 밖에 없었다. 그 이후부터는 나의 실수로 낸 사고는 없었다. 그런 두 번의 큰 실수가 아니었으면 내 인생에 더 큰 사고가 덮쳤을지도 모를 일이다. 큰 교훈을 얻은 셈이다.

# 향기 나는 삶

 엘리베이터를 탔다. 문이 열리며 진한 향기가 확 밀려나왔다. 텅 빈 공간에서 갑자기 밀려나오는 향기. 누가 이 좋은 냄새를 남기고 갔을까! 엘리베이터에 오래도록 있어도 좋을 향기였다.
 냄새를 뒤로한 채 친구들과의 모임 장소로 향했다. 식사 후 밀린 얘기를 위해 전통찻집으로 자리를 옮겼다. 찻집에 들어서는 순간 엘리베이터에서 풍겼던 향기가 또 우리를 맞이했다. 이 좋은 향기가 나를 따라 다니는 건가. 이 좋은 향기를 연거푸 만나다니! 운이 참 좋은 날이라는 생각이 들었다.
 그런데 창가에 놓여있는 화분들이 눈에 들어왔다. '바로 저거다!' 하고 속에서 탄성이 터져 나왔다. 동양란에서 퍼지는 진동까지 느껴지는 향기, 나는 자리에 앉기도 전에 창가로 성큼 다가가 고고한 꽃에 넋을 잃고 바라보았다. 한참을 더 서있었다. 가까이 다다가 눈맞춤을 하고 난 뒤, 코를 가까이 가져다 조심스럽게 향기와 코맞춤을 했다. 더 짙게 전해오는 향기는 전율마저 느끼게 했다. 고개를 들고도 눈을 뗄 수가 없다. 보고 있노라니 꽃송이를 받치고 있는 꽃대에 매달린 옥구슬이 눈에 들어왔다. 향기로운 냄새에 영롱한 옥구슬까지 달려있다니. 구슬은 다름 아닌 꿀방울이었다. 난에서 차고 넘친 꿀이 그윽한 향을 머금고 매달려있는 것이었다. 한때는 나도 난을 가꾸며 향기에 취해 보고 꿀의 달콤함도 맛보았던 적이 있었다.

집으로 돌아와 수필 한 편 써보려고 책상 앞에 앉았다. 앞에 놓여 있는 액자가 눈에 들어왔다. 년말모임에서 어느 수필가가 선물한 캘리 액자였다. '향기 나는 삶'이란 글귀와 옆에 난 화분이 앙증스럽게 그려져 있다. 글귀에서도, 꽃에서도 분향이 몽글몽글 피어오르는 듯했다. 향기 나는 삶이라! 어떤 삶이라야 향기가 날까?

내게서는 어떤 냄새가 날까? 생각해 본 적이 없는 사안이다. 혹시 남들이 고개를 돌리는 냄새는 나지 않을까. 내가 나의 음성을 잘 듣지 못하듯, 나의 향도 잘 모른다. 남들은 내게서 어떤 냄새를 맡을지 자못 궁금하다. 생각해 보건대, 나는 관대한 성격도 아니고, 그렇다고 모질거나 날카롭지도 못하다. 그러니 특별한 향기는 없을 듯하다. 조금은 시큼한 냄새가 나지 않을까 우려된다.

'화향백리, 주향천리, 인향만리'라고 했던가. 꽃과 술의 향기가 그윽하다고 한들 사람의 향기에 비유할 수 있으랴. 인품이 그윽한 사람은 존경과 사랑을 받는다.

나는 천안에 터를 잡은 지 십수 년이 지났다. 인연이 많지 않은 이곳에서 늘그막의 삶을 시작했다. 그런 중에 수필 향기 그윽한 K와 B, 두 분 선생님을 만났다. 무료하던 삶은 두 분을 만나 수필로 새 삶의 싹이 트기 시작했다. 오늘은 그중 연세 많으신 B 선생님을 생각한다. 난蘭이 풍기는 향기가 퍼졌다. 처음에는 잘 맡지 못하던 향기가 시간이 지날수록 점점 짙게 다가왔다. 분盆이 말이 없듯 선생님도 별말씀이 없고 빙그레 웃는 모습이 동양란을 꼭 닮아있다. 그 웃음에서 그분의 연륜과 살아온 생이 묻어나오는 듯했다. 문학기행에서도 연장자이지만 조용히 솔선하며 시간도 잘 지켰다.

꽃향기 술 향기는 코끝으로 전해 오지만 사람의 향기는 마음으로 전해 온다고 한다. 그분은 남에 대한 따뜻한 배려에서 인성의 향기가 품긴다. 나에게도 귀감이 되는 원로 수필가이다. 국어국문학을 전공한 후, 교직에서 평생을 헌신하셨다.

선생님은 대학시절에 시인 박목월 선생의 강의를 들으며 한때는 시인이 되는 꿈도 있었다고 했다. 교단에서 문학을 강의하며 수필의 매력에 푹 빠져들었다고 했다. 일찍이 《수필과비평》이란 수필 전문지를 통하여 작가로 등단한 이래 평생 수필에 매진하며 주옥같은 글을 써냈고 수필집도 여러 권을 발간했다. 월간지 《좋은수필》에서 작품 〈민들레〉로 베스트에세이10에 선정되는가 하면 여러 번 수상도 하였다. 일찍부터 수필과비평사와 지역문인협회에서 꾸준히 활동하며 지역의 문학발전에도 기여를 했다. 펜을 내려놓아도 뭐라 하지 않을 연세임에도 여전히 좋은 글을 쓰며 후학들에게 글향기를 풍기신다.

공자는 《논어》에서 덕이 있는 사람은 외롭지 않고 반드시 이웃이 있다는 덕불고 필유린(德不孤 必有隣)을 얘기했다. 나도 선생님을 본받으며 즐겁게 글을 써보련다. 모임 때에는 읽고 난 수필집을 들고와 나누어 주기도 하고 그중에 좋은 수필 한두 편을 추천하시며 몇 번을 읽어보라고 권하기도 한다.

선생님은 '생활인의 지혜'를 잉태할 수 있는 '여백의 문학'이라고 수필론을 펴신다. 수필에 임하기 전에 우선 많은 독서와 문장수련을 권한다. 그런 연후에 생각의 폭을 넓혀야 수필에 다가가기 쉽다고 했다. 또 수필은 다른 문학 장르에 비해 만만하게 보는 경향이 있는데, 결코 쉬운 문학이 아니라며 인본주의가 창작의 바탕이 되어야 한다고 강조한다. 좋은 작품의 세 가지 조건으로 올바른 생각(사상), 사상을 잘 전달할 수 있는 어휘력, 분명한 주제를 꼽았다.

수필 쓰기란 나를 드러내는 일이다. 그런데 나는 그게 쉽지 않다. 아직도 드러내지 못하고 있는 게 많다. 다 내놓아야 난향까지는 아닐지라도 조금의 향기가 나지 않을까. 나도 선생님처럼 향기 풍기는 수필가가 되고 싶다.

## 코로나시대 주거 형태의 변화

 오래전 일이었다. 여름의 정점에 폭염이 맹위를 떨치던 때였다. 지리산에 올라 장터목대피소에서 일박할 계획이었는데, 산객들이 몰려드는 바람에 숙소를 배정받지 못했다. 해발 1,600미터의 산세에 평지와의 온도차가 확연했다. 해가 기울고 밤이 깊어지자 서늘함을 넘어 한기가 밀려왔다. 바닥에 매트를 깔고, 프라이를 지붕 삼아 침랑 속에서 잠을 청했지만 찬기가 밤새도록 산행으로 지친 몸을 뒤척이게 했다. 따뜻한 집이 새삼 그리웠었다.
 집은 풍우한서로부터 신체를 보호하고, 일이나 여행에서 지친 몸을 쉬게 하는 공간이다. 나는 집 짓는 일을 업으로 살면서도 집은 숙식하는 곳으로만 생각해 왔다. 그런데 요즘처럼 팬데믹 시대의 집은 해야 할 것이 많은 곳이 되었다. 코로나19 사태가 길어지며 주거공간으로서 근원적 가치를 다시 생각하게 했다. 주거와 쉬는 공간의 의미를 넘어 업무와 여가생활 등 복합기능을 감당하는 멀티공간으로 진화하고 있다.

코로나19 발생으로 격리생활이 우선시 되다 보니 직장인들은 재택근무로 전환했다. 학교 수업은 온라인으로 대체되었다. 집에서 보내는 시간이 많아지며 공간의 변화가 필요하게 되었다. 통계에 따르면 집에서 보내는 시간이 이전보다 1.5배 정도 늘어났다. 그만큼 집안 공간이 좁아진 셈이다.

집안의 기능이 많아지며 체류밀도가 높아지고 산소의 포화도는 줄고 이산화탄소가 늘어난다. 가족 간에도 불쾌지수가 늘 수밖에 없다. 2020년 국토교통부 주거실태 조사결과에 따르면 1인당 평균 주거면적은 33.9㎡로 2018년 31.7㎡에 비해 증가하는 추세다. 팬데믹 시대로 접어들며 공간의 부족이 더 실감난다. 이는 집의 기능이 휴식을 넘어 일터 공간이 되었기 때문이다.

이제는 일을 넘어 니드need는 더 뻗어나간다. 서울대 소비트렌드분석센터의 《트렌드 코리아 2021》에 의하면 주거에 관한 흥미로운 키워드가 등장했다. '레이어드 홈(Omni-layered Homes)'이다. 레이어드 홈은 레이어드 룩(Layered Look)처럼 집이 여러 역할을 하는 공간으로 변하고 있다. 여유 있는 방은 홈 사우나나 헬스장을 옮겨 놓은 홈 짐(home gym)이 되고 거실 한편에는 채소나 식물을 키우는 홈 가드닝(home gardening)이 자리한다. 카페보다 더 예쁘고 맛있는 커피를 내릴 수 있는 홈 카페도 만든다. 집 안으로 깊숙이 파고든 OTT(온라인 동영상 서비스)는 영화관을 잊게 한다. 이런 변화는 삶의 질서에도 영향을 미치고 있다. 주거공간의 중요성이 더 높아지다 보니 건물의 변화도 빨라졌다.

단독주택 형태에서 아파트로 변해 왔고 반세기가 지나며 아파트는 발전과 변화를 거듭해 왔다. 소형 저층 아파트를 시작으로 중층, 고층으로 발전해 왔다. 급기야는 초고층 아파트가 주를 이루게 되고 더욱 고급화되었다.

주거공간의 변화는 주택의 형태의 변화를 넘어 구조변화로 이어지고 있다. 그동안 대부분의 아파트는 벽식 구조로 설계되었다. 이제는 기둥구조로 바뀌는 추세다. 기둥구조는 공간의 가변성이 용이하여 수요자가 필요에 따라서 공간을 바꾸기 좋은 구조이다. 발주자 중심에서 수요자 중심으로 이동되는 변화를 충족시키려는 것이다.

그래도 집안에서 해결할 수 없는 것도 있다. 이들은 단지 내 공공 커뮤니티시설에서 해결할 수 있게 영역을 넓혔다. 대형 주거단지가 형성되고 헬스장, 독서실, 실내골프장, 북 카페, 수영장, 다목적 체육관이 갖춰지게 되었다.

대형화, 초고층화로 발전하면서 우리나라는 50층 넘는 주거용 초고층 건물을 세계에서 네 번째로 많이 보유한 국가가 되었다. 이렇게 주거문화가 발전해온 50년 사이에 땅값은 4000배가 올랐다.

《부동산 쫌 아는 10대》 저자 오승현은 집은 사(live)는 곳이자 사(buy)는 것이지만, 언제부턴가 집은 사는(live) 곳이기보다는 사는(buy) 개념으로 인식하게 되었다. 원래 집이란 대대손손 물려가며 살아가는 주거 개념이었지만 이제는 언제든 사고팔 수 있는 물건이 되었다. 삶의 터전이라는 주택 개념은 희미해지고 부동산이라는 물건 개념으로 변해가고 있다. 부동산은 현세대뿐 아니라 미래세대에도 중요한 문제일 게 틀림없다.

동화 《어린 왕자》에서 "어른들은 '창가에 제라늄 화분이 놓여 있고 지붕 위로 비둘기가 날아드는 멋진 빨간 벽돌집'이라고 하면 관심이 없고 '100만 프랑 집'이라고 해야 비로소 멋진 집이라고 경탄한다."는 구절이 나오는데, 여기서 '빨간 벽돌집'은 거주와 생활공간이라고 한다면, 100만 프랑 집은 경제적 가치를 창출하는 부동산을 의미한다.

코로나19가 발을 묶은 지 3년이 지났다. 집안에서 식구들과 시간을 보내고 있다. 온 식구가 한 집에서 매일 생활하는 것도 처음이다. 이제 주거패턴의 변화에 따라 집은 재탄생해가고 있다. 보다 안락하고 더 효율적인 주거환경의 변화를 기대한다.

 우주의 어느 행성에 집을 짓고 사는 날이 도래할지도 모를 일이다. 넷플릭스를 열며 지리산 천왕봉의 냉기가 휘감아오던 밤을 생각한다.

임낙호 수필집
# 바람에도 꺾이지 않는 자유

**인쇄** 2024년 10월 10일
**발행** 2024년 10월 15일

**지은이** 임낙호
**발행인** 서정환
**펴낸곳** 수필과비평사
**주소** 서울시 종로구 삼일대로 32길 36(익선동 30-6 운현신화타워) 305호
**전화** (02) 3675-3885 (063) 275-4000 · 0484
**팩스** (063) 274-3131
**이메일** essay321@hanmail.net
**출판등록** 제300-2013-133호
**인쇄·제본** 신아출판사

저작권자 ⓒ 2024, 임낙호
이 책의 저작권은 저자에게 있습니다. 서면에 의한 저자의 허락없이 내용의 일부를 인용하거나 발췌하는 것을 금합니다.
COPYRIGHT ⓒ 2024, by Lim Nakho
All right reserved including the rights of reproduction in whole or in part in any form.
저자와 협의, 인지는 생략합니다.
잘못된 책은 바꿔 드립니다.

**ISBN** 979-11-5933-519-8  03810
**값** 15,000원

Printed in KOREA